신라에 태어난 부처

원효

새시대 큰인물 **30**

신라에 태어난 부처

원효

초판 1쇄 | 2006년 9월 20일

글쓴이 | 오경문
그린이 | 김민철
발행인 | 최동욱
총편집인 | 이헌상
편집책임 | 김민경
교정·교열 | 신윤덕
진행 | 정미연
디자인 | 최현숙

펴낸곳 | 랜덤하우스코리아(주)
주소 | 100-120 서울 중구 정동 34-5 배재빌딩 B동 6층
전화 | 02-777-3834(내용문의), 02-3705-0108(구입문의)
등록 | 2004년 1월 15일 제2-3726호

ISBN 89-5986-368-8 74990
     89-5986-338-6 (세트)
값 8,000원

신라에 태어난 부처

원효

오경문 글 | 김민철 그림

주니어랜덤

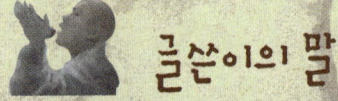 ## 글쓴이의 말

　여러분은 가끔 이런 생각이 들 때가 있지 않나요? '나는 왜 태어났을까?' 하는 그런 생각요.
　그런데 정말 우리는 왜 태어났을까요? 하기 싫은 공부를 억지로 하기 위해서? 맛있는 음식을 배불뚝이가 되도록 많이 먹기 위해서? 그것도 아니라면 비싼 장난감이나 컴퓨터로 게임을 하며 신나게 놀기 위해서? 글쎄요. 그런 건 아닌 것 같죠?
　그런데 나만 그런 게 아니라 수많은 사람이 자기가 왜 태어났고, 어떻게 살아야 하고, 왜 죽는지에 대해 잘 몰라요. 주위 사람들을 보면, 그냥 다른 사람들이 그렇게 사니까 나도 그렇게 살아야 하는가 보다 하면서 살아가는 사람이 많은 것 같습니다.
　그런데요, 지금부터 2630여 년 전에 인도 카필라 왕국에 살던 한 왕자가 엉뚱한 생각을 했어요. 그 왕자는 어느 날 궁궐 밖에 나갔다가 늙고 병에 걸려 죽어 가는 사람들을 우연히 보게 되었지요. 그걸 본 왕자는 사람들이 왜 태어나고 왜 죽는지 꼭 알아봐야겠다는 생각을 했던 겁니다.
　왕자는 화려한 옷을 벗고 누더기를 걸쳤어요. 그리고 자기의 궁금증을 풀어 줄 스승을 찾아 길을 나섰어요. 유명한 스승들을 만났지만 시원하게 대답해 주는 사람은 없었습니다. 실망한 왕자는 혼자서 산으로 들어갔어요. 그리고 하루에 한 끼만 먹으면서 7년 동안이나 힘든 수행을 한 뒤에 드디어 그 답을 알아냈어요. 사람이 왜 태어나고, 왜 죽는지를 말이에요. 그 왕자가 바로 석가모니 부처님이랍니다.

그로부터 1200여 년 지난 뒤, 이번에는 한반도의 신라라는 조그마한 나라에서 석가모니 부처님과 똑같은 생각을 가진 사람이 있었어요. 바로 원효였지요.

원효는 처음에는 석가모니 부처님이 한 말들을 적어 놓은 책으로 열심히 공부했어요. 그리고 허물어진 무덤 안에서 자기도 모르게 해골 물을 마신 뒤, 드디어 부처님이 알아냈던 것과 똑같은 답을 알아냈어요.

원효는, 사람들이 태어나고 살다가 죽는 이유를 알고 나자 모든 사람이 몹시 사랑스러워 보였어요. 가난하고, 병들고, 심지어 나쁜 죄를 지은 사람들조차 모두가 사랑스러웠던 거예요. 그래서 원효는 자신이 깨달은 것들을 그 사람들에게 알려 주기 위해 노력했어요. 어떤 때는 거지처럼 차려입기도 하고, 어떤 때는 술에 취해 미친 척하기도 하면서 말이죠.

사실 기독교의 예수님이나 이슬람교의 마호메트도 모두 부처님처럼 힘든 고행을 한 뒤에 그 답을 알아낸 사람들이에요. 그래서 예수님이나 마호메트도 모두 '네 이웃을 사랑하라'고 했던 거예요. 세상의 모든 종교는 결국 같은 말을 하고 있거든요. 바로 '자기 주위에 있는 사람을 사랑하라'라는 거지요. 원효도 신라의 모든 백성들에게 그 사실을 알려 주기 위해 평생을 바쳤어요.

이 책은 1300여 년 전에 원효가 어떻게 살았고, 어떻게 이웃을 사랑했으며, 그들을 깨우쳐 주기 위해 어떻게 노력했는지에 대한 이야기랍니다.

2006년 가을 오경문

# 차례

글쓴이의 말 · 4

무덤 속에서 깨달은 진리 · 9
- '천상천하유아독존'은 부처님 말씀입니다 · 17

밤나무 아래에서 태어난 아이 · 18
- 원효 집안은 귀족에 해당되었습니다 · 26

돌아가신 부모님 · 27
- 원효가 어릴 당시 신라는 왜 많은 공격을 받았을까요? · 34

사람은 왜 태어나고 왜 죽는 것일까? · 35
- 신라는 신분 제도가 엄격했습니다 · 45

내 이름은 원효 · 46
- 신라에 불교는 이렇게 전해졌습니다 · 56

배움을 찾아 떠나는 길 · 57
- 원효는 언제 스님이 되었을까요? · 65

숨은 스승을 찾아 · 66
- 선덕여왕은 우리나라 최초의 여왕입니다 · 70

실패한 첫 번째 당나라 유학 · 71
- 황룡사와 9층탑 · 82

원효가 믿고 따른 괴짜 스님들 · 83
- 스님들이 하지 말아야 할 것들 · 91

요석 공주의 사랑 · 92
- 신라 최고의 학자 설총은 이두도 정리했습니다 · 104

미치광이 원효 · 105
- 원효가 부른 노래들 · 110

당나라 유학 길에서 깨달은 진리 · 111
- 백제의 멸망 때 나타난 신기한 사건들 · 117

심부름꾼도 되고 김유신 장군도 구한 원효 · 118
- 고구려의 멸망 · 127

땅꾼 사복과 친구 의상 대사 · 128
- 삼국 통일 뒤 당나라군을 몰아낸 신라 · 133

황룡사에서 욕심 많은 스님들을 꾸짖다 · 134
- 《금강삼매경》은 아주 어려운 책입니다 · 143

해동의 큰 별이 지다 · 144

열린 주제 · 148
인물 돋보기 · 150
연대표 · 152

원효

무덤 속에서 깨달은 진리

　지금으로부터 1300여 년 전 신라 시대, 문무왕이 왕이 되던 661년 여름이었어요. 스님 두 분이 당항성(지금의 경기도 남양만) 근처 산길을 뛰듯이 걷고 있었어요. 날은 점점 어두워지고, 하늘에는 먹구름이 잔뜩 끼어 있었지요.
　"스님, 빨리 마을을 찾아야겠습니다."
　젊은 스님의 말에 나이 든 스님이 하늘을 올려다보았습니다.
　"그러게요. 금방이라도 비가 쏟아질 것 같군요."
　두 스님은 좀 더 빨리 걸었지만, 기어이 빗방울이 쏟아지기 시작했어요. 산속이라 비를 피할 곳도 없고, 날이 어두워져 앞도 보

이지 않았지요. 두 스님은 흠뻑 젖은 채 더듬거리며 걸었습니다. 그러다 문득 앞서 가던 젊은 스님이 소리쳤어요.

"스님, 여기 토굴이 있습니다!"

"부처님이 우리를 도우시는군요. 어서 들어가 비를 피합시다."

토굴 바닥은 뽀송뽀송하고, 두 사람이 누울 수 있을 정도로 넓었어요. 부싯돌이 젖어 불을 피울 수 없던 스님들은 생쌀 한 줌씩을 씹어 먹은 뒤, 피곤해서 금방 잠이 들었습니다.

얼마 뒤, 나이 든 스님이 눈을 떴어요. 비는 그쳤지만 한밤중이라 아무것도 보이지 않았지요.

"생쌀을 먹었더니 목이 마르군."

보따리에 있는 물병을 찾기 위해 더듬거리던 스님 손에 바가지가 잡혔습니다. 스님은 바가지에 반쯤 차 있는 물을 꿀꺽꿀꺽 마셨어요.

"물맛이 달고 시원하구나."

스님은 목이 또 마를지도 몰라 물이 남은 바가지를 옆에 두고 다시 잠이 들었습니다.

"짹짹, 포르르 짹짹."

아침 햇살이 환히 비치며 새소리가 들리자 눈을 뜬 젊은 스님이 말했어요.

"스님, 편히 주무셨습니까?"

"아주 잘 잤소. 이 토굴이 없었으면 밤새 비를 맞았을 텐데……."

스님은 미소를 지으며 주위를 둘러보았어요. 아침 햇살 덕에 토굴 안이 환히 보였어요.

"으아아아!"

젊은 스님이 비명을 질렀어요. 바로 옆에 사람 뼈가 보였던 거예요. 토굴은 다름 아닌 무덤 속이었답니다. 오래된 무덤 한쪽이 무너지면서 마치 토굴처럼 변한 것이었지요. 주위를 둘러보던 나이 든 스님이 갑자기 토하기 시작했습니다.

"우웩!"

"스님, 왜 그러십니까?"

나이 든 스님이 손가락으로 한쪽을 가리켰어요. 그곳에는 해골 바가지가 놓여 있고, 그 안에 해골 썩은 물이 고여 있었답니다. 한참을 토하던 스님은 그대로 멈춰 움직이지 않았어요.

"짹짹, 포르르 짹짹."

토굴 밖에서 맑은 새소리가 들려왔습니다. 한참을 꼼짝도 하지 않던 나이 든 스님이 천천히 미소를 짓더니, 해골을 향해 합장을 하는 것이었어요.

"나무아미타불 관세음보살."

젊은 스님은 어리둥절해서 물었습니다.

"원효 스님, 왜 그러십니까?"

나이 든 스님이 미소를 띠며 말했어요.

"나는 방금 부처님의 진리를 깨달았소."

"……무슨 말씀인지 모르겠습니다."

"의상 스님, 나는 어제 밤에 목이 말라 손에 잡히는 바가지 물을 마셨소. 그 물은 아주 달고 시원했소. 그런데 조금 전, 그 물이 해골 썩은 물이라는 걸 알게 되자 모두 토하고 말았소. 해골 물인 줄 모를 때는 달고 시원했는데, 알고 나니 토해 버렸단 말이오."

"무슨 말씀이신지……."

"내가 마신 물은 어제나 지금이나 똑같은 해골 썩은 물이오. 하지만 나는 똑같은 해골 물을 어제는 달게 마시고, 지금은 마실 수가 없소."

젊은 스님은 눈만 뙤록뙤록 굴렸어요. 나이 든 스님이 말을 이었어요.

"모든 일은 내 마음에 따라 달라진다는 말이오. 깨끗하고 더러운 것, 좋고 싫은 것 모두 내 마음에 따라 달라지지요. '천상천하 유아독존'(하늘 위와 하늘 아래 오직 나뿐이다)이라는 부처님 말씀이 '내 마음 안에 세상 모든 것이 들어 있다' 라는 뜻임을 비로소 깨달았다는 말이오."

"아, 스님께서 부처님의 진리를 깨달으셨군요."

젊은 스님은 그제야 이해가 된다는 듯 눈을 깜박였습니다.

"의상 스님, 나는 이미 부처님의 진리를 깨달았는데 당나라까지 갈 필요가 있겠소? 당나라는 스님 혼자 다녀오시오."

두 스님은 무덤 앞에서 작별 인사를 했습니다. 다시 신라로 돌아가는 나이 든 스님을 향해 젊은 스님은 합장을 하며 깊이깊이 고개를 숙였답니다.

 무덤 속에서 해골 물을 마신 뒤 부처님의 진리를 깨닫고 되돌아간 스님이 바로 원효 대사였어요. 그리고 당나라로 공부하러 간 스님은 의상 대사였고요. 이때 원효 대사는 마흔다섯 살, 의상 대사는 서른일곱 살이었지요.

 이제부터 하는 이야기는 1300여 년이 지난 지금까지도 많은 사람에게 존경받는 위대한 큰스님, 원효 대사에 관한 이야기랍니다.

'천상천하유아독존'은 부처님 말씀입니다

부처님은 2630여 년 전 인도 카필라 왕국의 왕자로 태어났습니다. 태어나자마자 사방으로 일곱 걸음씩 걸은 뒤 '천상천하유아독존'이란 말을 했다고 합니다. '하늘 위와 아래에서 내가 가장 존귀하다'는 뜻으로, 사람은 신분에 상관없이 모두 소중하다는 말입니다. 모든 사람은 마음속에 부처님이 될 씨앗을 가지고 있어, 노력하면 누구나 부처님이 될 수 있다는 의미이지요. 또 사람은 마음을 어떻게 가지느냐에 따라 달라지므로 마음이 중요하다는 뜻이기도 합니다.

밤나무 아래에서 태어난 아이

"여보, 빨리 일어나 봐요. 어서요."
부인은 잠들어 있는 남편 설담내를 깨웠어요.
"무슨 일인데 그러시오? 아직 아침이 되려면 한참 남았는데."
설담내가 눈을 비비며 물었어요.
"여보, 방금 이상한 꿈을 꾸었어요."
"이상한 꿈?"
"예. 제가 별을 구경하고 있는데, 별이 어찌나 많은지 꼭 까만 보자기에 금가루를 뿌려 놓은 것 같았어요."
"그래서요?"

설담내는 일어나 앉으며 부인 이야기에 귀를 기울였지요.

"그 별들 중 유난히 반짝이는 별 하나가 마치 저에게 무슨 말인가를 하고 싶어 하는 것처럼 보였어요."

부인은 남편을 쳐다보며 이야기를 계속했습니다.

"그런데 그 별이 하늘에서 떨어지더니 제 품속으로 쏙 들어오는 거예요. 어찌나 놀랐는지 저도 모르게 잠에서 깨고 말았어요."

설담내는 곰곰이 생각하더니 부인 손을 덥석 잡았어요.

"부인, 그 꿈은 분명히 태몽이오. 하늘이 우리에게 큰 인물을 주시려나 보오."

부인도 남편의 말을 듣고 보니 그런 것 같았어요.

설담내가 다정하게 말했어요.

"그동안 아이를 갖게 해 달라고 드린 부인의 기도를 부처님이 들어 주시려나 보오."

설담내의 말대로 그 꿈은 태몽이었습니다. 부인은 곧 배가 불러 왔지요.

부인이 아기를 갖자 가장 좋아한 사람은 설담내의 아버지인 잉피공이었어요. 덕망과 학식을 두루 갖춘 잉피공은 불등을촌 마을에서 가장 존경받는 어른이었어요. 하지만 아들이 결혼한 지 10년이 되도록 아기가 없자 잉피공은 걱정이 이만저만이 아니었어요. 당시에는 아들을 낳지 못하는 며느리는 쫓겨나기도 했답니다. 착한 며느리를 쫓아내야 할지도 몰라 잉피공은 걱정을 했던 거예요.

시아버지의 마음을 잘 아는 부인은 새벽마다 깨끗한 물을 떠 놓고 기도를 드렸어요.

"부처님, 아들 하나만 낳게 해 주십시오."

나중에는 설담내도 함께 기도했어요. 관청 벼슬자리에 있어 아주 바쁜 설담내였지만, 기도는 하루도 거르지 않았답니다.

드디어 아기를 낳을 날이 다가왔어요. 그런데 설담내는 관청 일이 너무 바빠 부인에게 신경을 많이 쓸 수 없었답니다. 그러자 잉피공이 아들을 불러 일렀어요.

"담내야, 아기를 편안히 낳도록 며느리를 친정에 데려다 주는 것이 어떻겠느냐?"

"저도 그럴 생각이었습니다. 며칠 휴가를 내도록 하겠습니다."

며칠 뒤, 설담내는 부인과 여종 한 명을 데리고 처가로 향했어요. 일행이 불등을촌 마을 어귀에 있는 커다란 밤나무 아래를 지날 때였어요. 부인이 힘겨운 얼굴로 말했어요.

"여보, 조금 쉬었다 가요."

설담내는 부인 이마에 흐르는 땀을 닦아 주며 말했습니다.

"미안하구려. 좀 더 일찍 나섰어야 하는데, 일이 바쁘다 보니 늦어졌소."

남편 손을 꼭 쥔 부인은 미소를 지었어요.

"괜찮아요. 아기 낳을 날짜가 며칠 더 남았는걸요."

그런데 이야기를 하던 부인이 갑자기 배를 움켜잡았어요.

"아아, 여보 배가…… 아기가 나오려나 봐요."

놀란 설담내는 주위를 둘러보았어요. 하지만 근처에는 아무도 없었답니다. 어린 여종도 어쩔 줄 몰라 발만 동동 굴렀어요. 부인은 배가 몹시 아픈지 밤나무에 기대어 괴로워했어요.

설담내는 외투를 벗어 밤나무 가지에 걸어 부인을 가린 뒤 여종에게 말했어요.

"애야, 집으로 뛰어가 하인들을 데려오너라. 어서!"

"예, 주인 나리."

여종이 가고 나자 설담내는 부인의 손을 꼭 잡았습니다.

"부인, 내가 옆에 있으니 걱정 마시오."

부인은 다정한 남편의 말에 안심이 되었습니다.

그때였어요. 갑자기 밤나무 주위로 안개가 피어오르기 시작했어요. 햇빛이 환한 대낮에 안개가 피어오르는 신기한 일이 벌어진 거예요. 더구나 안개는 오색찬란한 무지갯빛이었어요. 안개는 마치 부인을 가려 주려는 듯 밤나무 주위를 뿌옇게 감쌌답니다.

"아아악, 여보!"

그 순간 부인이 비명을 질렀고, 뒤이어 우렁찬 갓난아이 울음소리가 났어요.

"응애응애, 응애응애!"

"부인, 아들이오. 튼튼한 사내아이가 태어났소!"

설담내는 땀에 젖은 부인에게 갓난아이를 안겨 주며 말했어요. 그때 어디선가 웅성거리는 소리가 들려왔어요.

"누구요?"

설담내는 밤나무 가지에 걸린 옷을 젖혔어요. 웅성거리며 서 있던 마을 사람들이 설담내를 보고는 깜짝 놀라며 물었지요.

"설담내 어르신 아닙니까?"

"예. 그런데 마을 분들이 이곳에는 왜 오셨습니까?"

설담내가 영문을 몰라 묻자, 나이가 가장 많은 노인이 대답했습니다.

"이곳에서 오색찬란한 안개가 피어오르는 걸 보고 신기해서 뛰어왔지요."

그때 부인이 갓난아이를 안고 나왔어요. 그 모습을 본 마을 사람들이 고개를 끄덕이며 말했습니다.

"아마도 이 아이가 태어나려고 하늘에서 오색 안개가 내려온 모양입니다. 어서 부인과 아이를 마을로 모셔 갑시다."

그때 여종과 하인들이 들것을 들고 뛰어왔어요.

617년 진평왕 39년의 일이었지요. 밤나무골은 지금의 경북 경산군 압량면 신월동과 당음동 부근이에요. 원효가 태어난 불등을촌이란 마을 이름은 나중에 '부처님 마을'이라는 뜻의 '불지촌'으로 바뀌었답니다. 또 원효가 태어난 밤나무는 '사라수'라고 불리었지요. '옷이 걸려 너울거리는 나무'라는 뜻이고, 사라수에 열리는 밤알은 사과만큼 컸다고 합니다.

 원효 집안은 귀족에 해당되었습니다

원효의 성은 설씨입니다. 유리왕 때 6개 마을을 합치면서 각 마을 우두머리의 성을 새로 정했는데, 그때 원효의 조상이 살던 마을은 설씨로 했답니다. 또 원효는 지금의 경산 지방에 있던 '압독국' 왕족의 후손이라고도 합니다. 압독국은 신라 미추왕 때 신라와 합쳐져 압량군이 되었습니다.

원효 집안은 신라의 6두품으로, 높지는 않지만 귀족에 해당되었어요. 원효의 조상 가운데 설원랑은 최초의 화랑이었고, 화랑도의 '세속오계'를 지은 원광 스님도 설씨였답니다. 할아버지 잉피공은 고려 때까지도 고향에 사당이 있을 정도로 존경받는 사람이었지요.

돌아가신 부모님

꿈에도 그리던 손자를 얻은 잉피공은 손자 이름을 '서당'(신라 말로 '새롭다' 라는 뜻)이라 지었어요.

그런데 서당을 낳느라 너무 힘을 쓴 탓에 부인이 그만 앓아눕고 말았어요. 설담내는 부인을 정성껏 간호하며 유명한 의원들을 불러 치료했지만, 효과가 없었답니다.

앓아누운 지 한 달이 되던 날 밤, 부인이 설담내에게 말했어요.

"여보, 우리 서당은 하늘이 내린 아이니 부디 잘 키워 주세요."

"그게 무슨 소리요! 어서 기운을 차리고 일어나야지."

설담내는 부인의 손을 꼭 잡았어요. 말은 그렇게 했지만 부인이

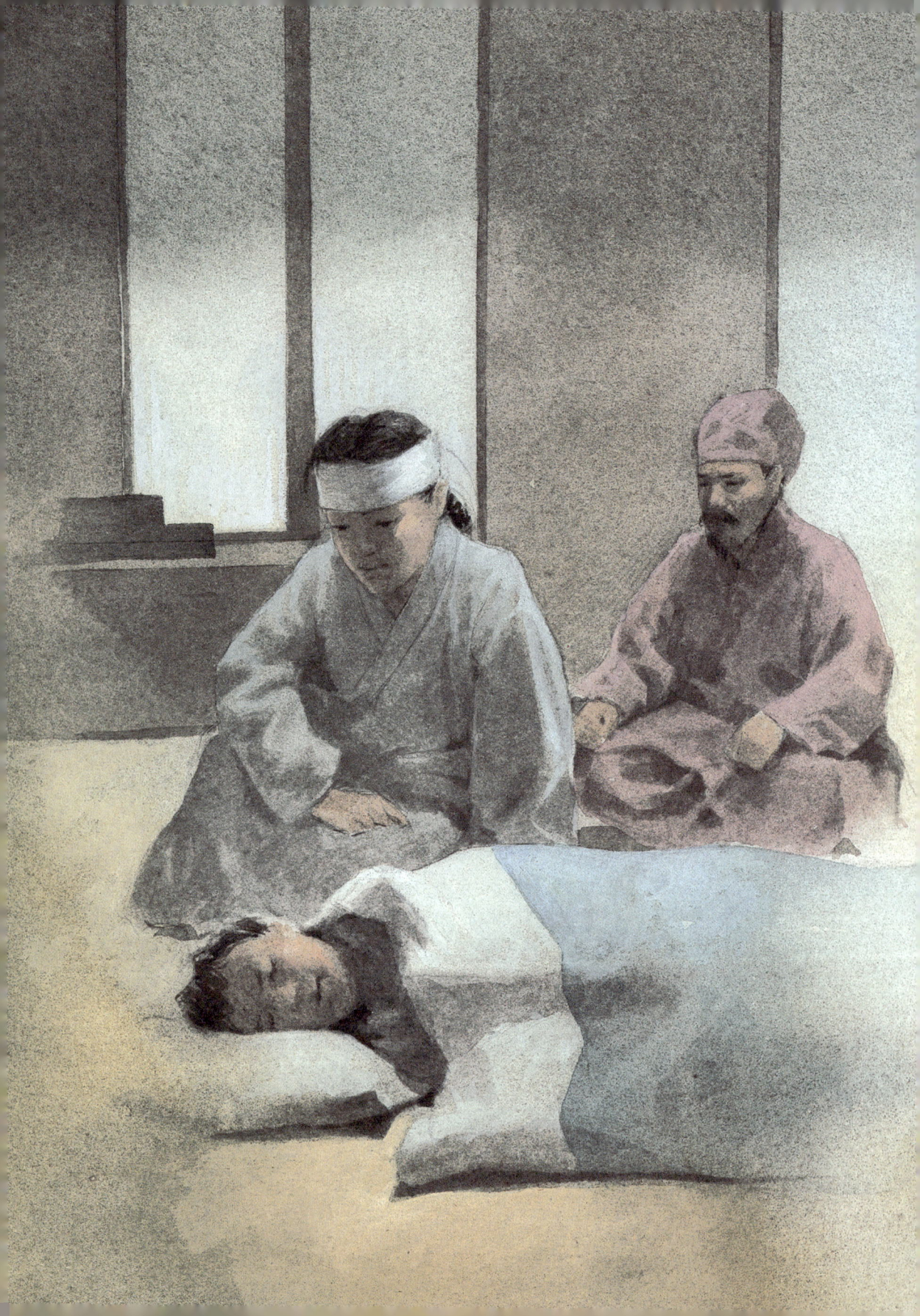

더 살 수 없다는 걸 설담내도 잘 알고 있었지요. 설담내의 두 눈에 눈물이 가득 고였어요.

부인은 새근새근 잠든 서당을 바라보며 나직이 속삭였어요.

"불쌍한 우리 아기, 부디 세상의 등불이 되어라."

그 말을 끝으로 부인은 그만 숨을 거두고 말았어요.

사랑하는 아내를 잃은 슬픔 때문에 설담내는 아무 일도 할 수 없었어요. 관청에도 나가지 않고 매일 부인 무덤 앞에 앉아 있었지요. 보다 못한 잉피공이 설담내를 불렀습니다.

"네 마음은 잘 알지만 이미 떠난 사람을 어쩌겠느냐. 서당은 내가 키울 테니 너는 서라벌(지금의 경주)로 가거라. 바쁘게 일하다 보면 슬픔도 잊혀질 게다. 관청에도 이미 말해 두고 서라벌에서 지낼 곳도 마련해 놓았으니, 나랏일을 열심히 하며 마음을 추스르도록 해라."

설담내는 내키지 않았지만 아버지 말씀을 거역할 수 없어 서라벌로 갔어요.

잉피공은 학문뿐 아니라 무예에도 뛰어나, 젊어서는 신라의 장군으로 전쟁터에도 여러 번 나갔답니다. 그래서 불지촌뿐만 아니라 압량군 사람 모두에게 존경받는 어른이었지요. 그런 잉피공은 서당을 훌륭한 장군으로 키우리라 생각했어요.

당시 신라는 고구려와 백제의 공격으로 하루도 편할 날이 없었답니다. 전쟁으로 수많은 사람이 죽어 갔지요. 잉피공은 전쟁을 끝내는 길은 삼국을 통일하는 것뿐이라는 걸 잘 알고 있었어요.

잉피공은 서당이 걸음마를 시작하자 책과 나무칼을 주었고, 말을 하자 글을 가르쳤어요. 잉피공은 절대 매를 들거나 억지로 가르치지 않았답니다. 서당을 업고 산책하거나 잠을 재울 때 이야기하듯이 가르쳤지요.

할아버지 덕분에 서당은 삼국의 역사와 화랑도, 장군들에 대해 많이 알게 되었어요. 또 다섯 살 때부터 책을 읽기 시작했답니다. 당시의 책은 어려운 한문으로 쓰여 있어서 책을 읽을 수 있는 사람은 아주 적었어요. 그래서 다섯 살 된 아이가 책을 읽는다는 것은 보통 일이 아니었답니다.

"설씨 집안에 천재가 태어났어."

"그 아이는 태어날 때부터 예사롭지 않았다며?"

마을 사람들은 잉피공의 집 앞을 지날 때마다 한마디씩 했어요. 잉피공은 이런 소리를 듣고 서당이 우쭐해할까 봐 더욱 엄하게 가르쳤지요.

"서당아, 공부도 중요하지만 먼저 사람이 되어야 하느니라. 가난한 사람을 도와주고 어른을 공경해야 한단다."

"예, 할아버지."

서당은 할아버지의 가르침을 잘 따랐어요. 밤에는 책을 읽고, 낮에는 무예를 닦았지요.

그러던 어느 날, 슬픈 얼굴을 한 잉피공이 서당을 불렀어요.

"방금 서라벌에서 소식이 왔다. 네 아버지가 병이 들어 죽었다는구나."

서당은 죽음이 무엇인지 아직 몰랐어요.

"아버지가 더 멀리 떠나셨나요?"

서당의 물음에 잉피공이 슬픈 목소리로 대답했어요.

"그래, 아주 멀리 갔단다. 다시는 오지 못할 곳으로……."

서당은 고개를 갸웃거리며 물었어요.

"그곳이 어디인데요? 왜 돌아오지 못해요? 왜 그곳으로 가셨는데요?"

궁금한 것이 있으면 쉴 새 없이 질문을 해 대는 서당에게 늘 자상하게 대답해 주던 잉피공이었지만, 그날은 그저 짧게 대답했습니다.

"그곳이 어디인지는 할아버지도 잘 모른단다. 나중에 커서 네가 알아보도록 해라."

잉피공은 무심코 한 말이었지만, 서당의 가슴에는 이 말이 오래도록 남았답니다.

'네가 알아보도록 해라. 네가 알아보도록 해라.'

원효가 어릴 당시 신라는 왜 많은 공격을 받았을까요?

당시 고구려는 중국에 새로 생긴 당나라와 겉으로는 친하게 지냈습니다. 하지만 속으로는 서로 미워했기 때문에 언제 전쟁이 일어날지 모르는 상태였지요. 그래서 고구려는 당나라와 친하게 지내는 나라를 미워했어요.

또 그 무렵 백제의 왕은 선화 공주 이야기로 유명한 서동, 즉 무왕이었어요. 무왕은 백제를 강한 나라로 만들기 위해 왕위에 있는 40여 년 동안 영토를 넓히는 데 온 힘을 쏟았답니다. 그래서 신라로 끊임없이 쳐들어갔고, 신라 땅을 많이 빼앗았지요.

신라는 강력한 고구려와 백제에 혼자 맞서기에는 힘이 약했어요. 그래서 바다 건너 당나라와 손을 잡고 나라를 지키려 했지요. 하지만 고구려와 백제는 신라가 당나라와 손을 잡는 것을 아주 싫어했어요. 그런 여러 가지 이유로 신라는 고구려와 백제의 공격을 자주 받았던 거예요.

사람은 왜 태어나고
왜 죽는 것일까?

서당은 어느덧 열두 살이 되었어요. 당시 신라는 아주 어려운 상황이었지요. 시도 때도 없이 백제의 공격을 받았으니까요. 백제의 장군이 신라의 백성 300여 명을 사로잡아 간 일도 있었답니다. 또 심한 가뭄으로 먹을 것이 없어 자식을 노비로 파는 사람까지 생겨났어요.

그래도 전쟁은 계속되어 대장군 김용춘과 김유신의 아버지인 김서현 장군이 고구려 낭비성을 공격했어요. 이때 아버지를 따라 전쟁에 참가한 김유신은 혼자 적진으로 세 번이나 뛰어들어 세 번 모두 적장의 목을 베어 와 크게 이기기도 했답니다.

그처럼 나라가 어지럽던 어느 날, 잉피공은 서당을 불러 놓고 말했어요.

"서당아, 너도 이제 열두 살이니 세상을 알 때가 되었다."

잉피공은 서당이 장차 신라의 장군이 되어 불쌍한 백성들을 구하리라 믿었어요.

"서라벌로 가거라. 큰일을 하려면 넓은 곳으로 가야 한다. 그곳으로 가서 나라를 위해 네가 할 일이 무엇인지 스스로 알아보도록 하여라."

"예, 할아버지."

잉피공은 마음이 아팠어요. 이제 서당은 혼자 살아가는 법을 배워야 하니까요. 잉피공은 나이 많은 자신이 언제까지고 서당을 돌봐 줄 수 없다는 사실을 잘 알고 있었어요.

서당은 다음 날 집을 떠나 서라벌로 향했습니다.

서라벌은 불지촌과는 비교할 수 없을 정도로 넓었어요. 또 화랑도도 있어, 청소년들이 화랑 한 명을 중심으로 모여 무예와 학문을 배웠답니다.

화랑은 열다섯 살에서 열여덟 살 사이의 청소년이 되었지만, 아무나 될 수는 없었어요. 신라에는 골품이라는 엄격한 신분 제도가

있어서, 화랑은 귀족 가운데 무예와 학문이 뛰어난 청소년만 될 수 있었답니다. 그리고 화랑을 따르는 수많은 청소년을 '낭도'라고 하는데, 서당도 낭도가 되었지요. 서당이 선택한 화랑은 미추였어요. 미추는 열여덟 살이었는데, 귀족이면서도 신분을 따지지 않는 마음씨 따뜻한 화랑이었지요.

"서당아, 불편한 거 없니? 모르는 게 있으면 언제든지 나한테 물어 봐."

미추는 서당을 친동생처럼 돌봐 주었어요. 서당을 첫눈에 좋아하게 되었거든요. 어린 나이에 학문과 무예가 뛰어난 것도 이유였지만, 그보다는 서당이 남보다 훨씬 더 노력했기 때문이에요. 머리가 좋은 사람은 머리만 믿고 집안이 좋은 사람은 집안만 믿고 게으르기 쉬운데, 서당은 남보다 몇 배 더 노력했던 거예요.

"당나라에 갔던 사신이 가져온 책이야."

미추는 서당이 책을 좋아한다는 걸 알고 새로운 책이 생기면 다른 낭도들 몰래 슬그머니 건네주었어요. 이렇게 지내는 동안 서당도 어느덧 열네 살이 되었답니다.

신라는 여전히 백제나 고구려와 전쟁 중이었어요. 서당은 미추 화랑을 따라 전쟁터에도 여러 번 나갔어요. 아직 어려서 직접 싸우지는 않았지만, 전쟁의 참혹함을 느끼곤 했지요.

"어머니, 살고 싶어요!"

어린 신라 군사들은 죽으면서 이렇게 외쳤어요.

"아들아, 잘살아라!"

나이 많은 백제 군사는 이렇게 외치며 죽어 갔어요.

그런 비명을 들을 때마다 서당은 두 눈을 질끈 감았어요.

어느 날 밤, 서당은 낮에 전투가 벌어지던 들판을 바라보며 생각에 잠겼어요.

'무엇을 위해 서로를 죽여야 하는가? 내가 장군이 되면 얼마나 많은 사람을 죽이게 될까?'

그때 누군가 다정하게 서당의 어깨를 감쌌습니다.

"서당아, 잠이 안 오니? 전투가 무서워?"

미추 화랑이었어요. 미추 화랑도 쓸쓸히 들판을 바라보았지요.

"아뇨, 무섭지는 않아요. 다만 모르는 사람끼리 왜 서로를 죽여야 하는지, 그 이유를 모르겠어요."

서당의 말에 미추는 안타깝게 서당을 바라보았어요.

"서당아, 어쩔 수 없단다. 적을 죽이지 않으면 우리가 죽으니까. 그리고…… 내일은……."

미추 화랑은 무슨 말인가 하려다 입을 다물었어요. 서당이 쳐다보자 미추 화랑은 웃으며 말했어요.
　"서당아, 공부 열심히 해라. 너는 틀림없이 나중에 신라의 기둥이 될 거야."
　미추 화랑은 마치 먼 길을 떠날 사람처럼 말했습니다.
　다음 날, 다시 전투가 시작되었어요. 백제군은 워낙 용맹스러워 신라군이 당해 낼 수가 없었어요.

그때 화랑 한 명이 말을 타고 창을 휘두르며 백제군을 향해 내달렸어요. 용감하게 싸우던 그 화랑은 백제군 몇 명을 베고 쓰러졌어요. 그러자 또 다른 화랑이 적진으로 뛰어갔어요. 그 화랑 역시 전사를 하자, 또 다른 화랑이 적진으로 달려가며 외쳤어요.

"화랑 미추도 여기 있다! 내 칼을 받아라!"

서당은 자기도 모르게 소리쳤어요.

"아, 아, 안 돼!"

하지만 미추 화랑은 이미 적진으로 뛰어들어 수많은 적과 싸우고 있었어요. 그러다 곧 쓰러졌습니다. 서당의 아버지처럼 미추 화랑도 다시는 돌아오지 못할 아주 먼 곳으로 가 버렸어요.

세 명의 젊은 화랑이 목숨을 잃자, 신라 군사들의 분노는 하늘을 찌를 듯했지요.

"적을 무찔러라!"

"백제를 멸망시켜라!"

신라 군사들은 산이 무너지는 소리를 내며 백제군을 향해 달려갔어요.

치열하던 전투가 끝나고 백제군은 모두 쫓겨갔어요. 신라는 싸움에서 이겼고, 용감하게 죽은 세 화랑의 시체는 서라벌로 보내졌지요.

　서당은 그곳에 더 있고 싶지 않았어요. 죽은 세 화랑을 실은 수레 뒤를 따라 서당은 터벅터벅 걸었어요. 어제 밤에 다정하게 서당의 어깨를 감싸 주던 미추 화랑도 수레 위에 누워 있었지요.

"미추 화랑."

　서당은 가만히 불러 보았어요. 그러나 미추는 대답이 없었어요.

　'사람은 왜 태어나고, 왜 힘들게 살다가, 왜 죽는 걸까? 죽은 뒤에는 어디로 가는 걸까?'

　서라벌까지 오는 동안 서당은 이런 생각뿐이었어요. 석가모니가 인도의 왕자였을 때, 성문 밖에서 불쌍한 사람들을 보며 했던 생각을 서당도 하고 있었던 거예요.

　그런데 서라벌로 돌아오자 고향에서 온 하인이 더 슬픈 소식을 전해 주었어요.

"서당 도련님, 잉피공 어른께서 돌아가셨습니다."

"무어? 할아버지께서?"

　서당은 할아버지가 돌아가셨다는 말이 믿어지지 않았어요. 자기도 모르게 엉엉 울고 말았습니다. 그러자 하인이 서당을 달래며 말했어요.

"잉피공 어른께서 서당 도련님께 슬퍼하지 말라고 전하라 하셨습니다. 대신 신라와 모든 사람을 위해 훌륭한 일을 하라고 당부하셨습니다."

한참을 울던 서당은 집으로 들어가 짐을 싸 들고 나왔어요. 하인이 눈을 동그랗게 뜨며 물었지요.

"도련님, 어디로 가시려고요?"

"고향으로 가련다."

"안 됩니다. 잉피공 어른께서 도련님께 서라벌에서 큰일을 하라고 하셨습니다."

"내가 생각해 볼 일이 있으니 너는 아무 말 말아라."

하인과 함께 고향으로 내려온 서당은 누구도 만나지 않으며, 아무 말도 하지 않고, 깊은 생각에 잠겼어요. 그렇게 가을과 겨울이 지나고, 서당은 어느덧 열다섯 살이 되었답니다.

신라는 신분 제도가 엄격했습니다

신라에는 골품이라는 신분 제도가 있었어요. 골품은 골족과 두품으로 나뉘었는데, 골족이란 왕이 될 수 있는 성골과 진골 귀족을 말합니다. 두품은 6두품에서 1두품까지 있었는데, 6~4두품까지는 벼슬을 할 수 있었고, 3~1두품은 일반 백성이었어요. 그 아래에 광대, 백정, 노비 등 가장 낮은 신분이 있었고요.

신분은 조상 때부터 정해졌고, 평생 변하지 않았으며, 신분에 따라 입는 옷, 사는 집, 생활 도구까지 모두 달랐습니다.

화랑은 진골 이상의 귀족만 될 수 있었는데, 원효는 6두품에 속해 있어서 화랑이 될 수 없었답니다.

내 이름은 원효

"**서당** 도련님이 벙어리가 되었다네."
"그러게. 서라벌에서 돌아온 뒤로는 아무 말도 안 한다며?"
마을 사람들이 수군대도 서당은 여전히 말이 없었어요.
햇볕이 따뜻한 봄날, 서당은 골똘히 생각에 잠겼습니다.
"무슨 생각을 그리 하는고?"
맑은 목소리에 고개를 들어 보니 노스님이 앞에 서 있었어요. 허름한 옷을 입은 노스님은 손에 염주를 들고 있었지요. 서당은 일어나 공손히 말했습니다.
"제가 세상을 위해 할 일이 무엇일까 생각했습니다."

서당을 가만히 바라보던 노스님이 물었어요.

"너는 무엇을 하고 싶은 게냐?"

"돌아가신 할아버지께서는 장군이 되어 삼국을 통일해 전쟁 없는 세상을 만들라고 하셨습니다. 그런데 그 일은 제가 할 일이 아니라는 생각이 듭니다."

서당의 대답에 노스님이 빙그레 웃으며 말했어요.

"대장군이 되어 삼국을 통일하면 이 세상에서 전쟁이 없어지겠느냐? 굶어 죽는 사람은 어쩔 것이며, 가난한 백성들을 못살게 구는 벼슬아치들은 어쩔 것이고, 사랑하는 이가 죽어 슬퍼하는 사람들은 또 어쩔 것이냐?"

서당은 아무런 대답도 하지 못했어요. 장군이 된다고 해서 해결할 수 있는 일들이 아니었으니까요.

잠시 뒤 서당이 다시 물었습니다.

"그럼 저는 어찌해야 합니까?"

"부처님도 너와 똑같은 생각을 하신 뒤, 오랜 수행 끝에 깨달은 길을 우리에게 알려 주셨다."

"그게 무엇입니까?"

서당이 반가운 마음에 바짝 다가서며 묻자 노스님이 말했어요.

"중이 되어라. 중이 되어 부처님의 진리를 사람들에게 깨우쳐 주는 일만이 모든 사람을 구하는 길이다."

신라에 불교가 들어온 지 100여 년이 되었지만, 그때만 해도 불교는 왕과 귀족을 위한 종교였지요. 일반 백성들은 불교를 제대로 알지 못했고, '나무아미타불' 이라는 말도 잘 몰랐습니다.

노스님의 말에 서당은 눈앞이 환해지는 것 같았어요. 할아버지께서도 나라를 위해 큰일을 하라고 하셨는데, 이 일은 신라뿐만 아니라 다른 나라 사람들까지 구하는 일처럼 생각되었어요.

"고맙습니다, 스님. 이제야 제가 갈 길을 알았습니다."

서당이 기쁨에 들떠 말하자, 노스님이 빙그레 웃었습니다.

"이레 뒤에 다시 와서 네가 중이 되도록 도와줄 테니, 미리 준비하도록 해라."

노스님이 돌아간 뒤 서당은 제일 먼저 하인들을 풀어 주며 말했습니다.

"너희는 이제부터 노비가 아니다. 어디든지 원하는 곳으로 가서 자유롭게 살아라."

자손들까지 영원히 노비로 살아야 했던 그들은 눈물을 흘리며 고마워했습니다. 서당은 노비들에게 골고루 돈을 주어 내보낸 뒤,

마을 사람들에게도 재산을 나누어 주었어요.

영문을 모르는 마을 사람들이 물었습니다.

"서당 도련님, 왜 이러시나요? 어디 멀리 가시나요?"

서당은 말없이 미소만 지었어요.

텅 빈 집에 혼자 남았지만, 서당은 외롭지 않았어요. 이제부터는 부처님이 곁에 있어 주리라 믿게 되었으니까요.

이레째 되는 날, 노스님이 집으로 찾아왔어요.

"스님, 준비 다 되었습니다."

노스님은 빙그레 웃으며 말했어요.

"중이 되어 수행하는 일은 아주 힘들고 어렵다. 그래도 중이 되겠느냐?"

서당은 또박또박 대답했어요.

"예, 저는 중이 되어 세상 사람들에게 부처님의 진리를 가르쳐 주겠습니다."

노스님은 고개를 끄덕이더니 서당을 마루에 앉혔어요. 그리고 보따리에서 가위를 꺼내 눈을 감고 있는 서당의 긴 머리카락을 싹둑싹둑 잘랐어요. 머리카락을 다 자른 노스님은 서당을 향해 합장한 뒤 절을 올리며 말했어요.

"제가 해동 부처님 되실 분의 머리를 깎아 드렸으니, 부디 원하는 뜻을 이루소서."

서당이 눈을 떠 보니 노스님은 온데간데없었어요. 햇살이 따뜻하게 내리쬐는 마루에는 머리를 다 깎은 서당 혼자였지요. 노스님이 서 있던 곳에는 불교 책이 여러 권 놓여 있었어요. 그런데도 서당은 별로 놀라지 않았답니다.

'부처님께서 노스님을 보내 나를 도와주셨구나. 감사합니다, 부처님.'

서당은 이렇게 스님이 되었어요. 선덕여왕이 왕이 된 632년의 일이었지요. 진평왕이 아들 없이 죽자 큰딸이 왕이 되었는데, 그가 바로 아름답고 똑똑한 선덕여왕이랍니다. 왕이 된 선덕여왕은 제일 먼저 가난한 홀아비와 과부, 고아들에게 식량을 주었으리만치 자상한 왕이었어요.

머리를 깎고 나서 며칠 뒤, 서당은 망치를 들고 부지런히 집 안팎을 오갔어요. 그것을 본 이웃 사람이 이상하다는 듯 물었지요.

"무얼 하려고 그럽니까?"

"집을 고쳐 절을 만들려고요."

서당의 대답을 들은 그는 눈을 동그랗게 뜨며 다시 물었어요.

"절요?"

"예. 알고 보니 자기 집을 절로 만들어 수행한 스님이 많더군요."

이웃 사람은 잠깐 생각하더니 마을 사람들을 향해 외쳤어요.

"서당 도련님이 집을 절로 만든답니다. 보고만 있겠습니까?"

마을 사람들이 톱과 망치를 들고 우르르 몰려왔어요. 노인과 아이들은 심부름을 하고, 아낙들은 음식을 만들고, 젊은 사람들은 뚝딱뚝딱 집을 고쳤지요. 금세 그럴듯한 절이 하나 만들어졌어요. 가장 나이 많은 노인이 손을 탈탈 털며 말했어요.

"서당, 다 고쳤으니 열심히 공부하게나."

"고맙습니다, 어르신. 그런데 이제부터 제 이름은 서당이 아니라 원효입니다."

"원효?"

"예. '첫새벽'이라는 뜻입니다. 이제부터는 저를 원효라고 불러 주십시오. 그리고 이 절 이름은 초개사라고 지었습니다."

마을 사람들은 고개를 끄덕였어요.

원효는 그날부터 노스님이 남기고 간 불교 책들로 공부를 했어요. 그 책에는 불교가 무엇인지, 스님은 어떻게 수행해야 하고, 염불은 어떻게 하는지에 대한 내용이 모두 들어 있었어요.

원효는 1년도 안 돼 그 책 내용을 모두 외워 버렸고, 그 책으로는 더 이상 공부할 것이 없었답니다.

"불교의 진리는 끝이 없다고 들었다. 이제부터는 직접 찾아가서 배우자."

원효는 초개사를 나서 길을 떠났습니다. 그의 나이 열일곱 살 때의 일이랍니다.

신라에 불교는 이렇게 전해졌습니다

 인도에서 생긴 불교는 중국을 거쳐 우리나라에 들어왔어요. 고구려에는 372년, 백제에는 384년에 전해졌지요. 그러나 신라는 한참 뒤인 528년에야 비로소 정식으로 받아들였답니다.
 법흥왕은 불교를 받아들이려 했지만, 신하들이 몹시 반대를 했어요. 그 당시 신라 사람들이 토속 신앙을 많이 믿고 있었기 때문이지요. 또한 신하들은 스님들이 알아들을 수 없는 말만 한다며 쉽게 받아들이려 하지 않았어요.
 불교를 믿는 신하 이차돈은 법흥왕이 불교를 받아들이려 한다는 것을 알고 모두가 모인 자리에서 불교를 받아들이자고 주장했어요. 그러자 반대하던 신하들이 누명을 씌워 그의 목을 베어 버렸는데, 이차돈의 목에서 하얀 피가 솟구쳐 나왔다고 해요. 붉은 피 대신 하얀 피가 솟구치는 것이 너무 놀랍고 신비로워서 불교를 받아들이게 되었답니다.

배움을 찾아 떠나는 길

원효는 서라벌로 향했어요. 서라벌에는 황룡사를 비롯해 흥륜사, 분황사 등 큰 절이 많았어요. 또 공부를 많이 한 큰스님도 여럿이어서 원효는 그런 스님들을 찾아 나선 거예요.

"후유, 저 언덕만 넘으면 서라벌이군."

원효가 언덕을 넘으려는데, 누군가 크게 웃는 소리가 들렸어요.

"으하하하, 사람들은 크게 편안해져라. 대안, 대안. 으하하하!"

원효는 발걸음을 멈추었어요. 그러자 다 떨어진 옷을 입고, 허리에 새끼줄을 질끈 묶었으며, 신발은 한 짝만 신고, 머리는 감은 적도 없는 듯 보이는 사람이 다가왔어요. 술에 취한 거지처럼 보였지만, 목탁을 들고 있어 스님이라는 것을 알 수 있었지요. 바로 앞까지 온 그 사람은 원효를 물끄러미 쳐다보더니 버럭 소리를 질렀어요.

"대안, 대안, 그대는 눈을 크게 뜰지어다! 대안, 대안, 으하하하하!"

원효는 놀라지도 않고 공손하게 물었어요.

"혹시, 대안 스님 아니신지요?"

신라에서 대안 스님을 모르는 사람은 아무도 없었어요. 가난하고 병든 사람들과 가까이 지내고, 술도 마구 마셔 대는 괴짜 스님이었지요. 항상 '대안, 대안' 하고 다녀서 사람들 모두 '대안 스님'이라고 불렀어요. '대안'이란 '큰 편안함'이라는 뜻이에요. 대안 스님은 사람들이 모두 편안해지기를 바라며 그렇게 외치고 다녔답니다.

"그렇소. 내가 비렁뱅이 중 대안이오. 젊은 그대는 누구신가?"

"저는 원효라고 합니다."

대안 스님은 원효를 한참 쳐다보더니 크게 웃으며 말했어요.

"으하하, 신라에도 인물 하나가 나왔구나. 대안, 대안. 으하하하."

원효가 어리둥절해하자, 대안 스님이 말을 이었어요.

"아직은 자네와 내가 만날 때가 아니네. 분명 공부를 더 하기 위해 서라벌로 가는 중일 테니, 황룡사에서 3년간 공부한 뒤 울주 영취산에 있는 낭지 스님을 찾아가게. 대안이 보냈다고 하면 많은 것을 가르쳐 줄 게야. 자, 그럼 나중에 또 보세."

"왜 꼭 3년입니까?"

원효가 묻자 대안 스님은 빙그레 웃으며 말했어요.

"그때가 되면 알게 될 거야. 그곳에서 더 배울 게 없을 테니까."

대안 스님은 '대안, 대안'을 외치며 뒤도 안 돌아보고 가 버렸어요. 원효는 대안 스님 뒤에 대고 고개를 깊이 숙였어요.

"갈 길을 알려 주셔서 고맙습니다, 대안 스님."

그 길로 원효는 황룡사로 갔어요. 새 궁궐을 지으려 땅을 파는데 거대한 황룡이 나왔다는 황룡사는 신라에서 가장 큰 절이었어요. 절이 큰 만큼 불교에 관한 책도 아주 많았지요.

새벽 4시에 일어나고 저녁 9시에 잠자리에 드는 생활이 몹시 힘들었지만, 원효는 열심히 공부했어요.

원효가 황룡사에 들어간 지 6개월이 지난 어느 날이었어요. 왕궁에 갔다가 밤 12시가 넘어 돌아온 주지 스님은 희미하게 불이 켜진 방 하나를 보았어요.

"아직 잠들지 않은 사람이 누구인가?"

주지 스님은 살며시 방 안을 들여다보며 중얼거렸어요.

"허어, 원효가 아직까지 책을 보고 있구먼."

주지 스님은 방해될까 봐 조용조용 자기 방으로 갔어요.

다음 날 새벽 예불 시간, 늦게까지 잠을 안 자던 원효가 제일 앞줄에 서 있었어요.

'아니, 원효는 잠도 안 잔단 말인가?'

이상하게 생각한 주지 스님은 하루 종일 원효를 지켜보았어요. 원효는 부지런히 제 할 일을 해 놓고는 밤이 되면 열심히 책을 읽었어요. 며칠 동안 지켜보던 주지 스님이 원효를 불렀어요.

"원효야, 이제부터 네가 우리 절 도서관을 맡도록 해라."

"예? 제가 도서관을요?"

원효가 놀란 데에는 그만한 이유가 있었어요. 황룡사 도서관에는 불교에 관한 귀한 책이 아주 많았어요. 그래서 도서관은 경험 많은 스님들이 맡고 있었지요. 그런데 절에 온 지 6개월밖에 안 된 원효에게 그 일을 맡긴 거예요.

다른 스님들은 불만을 품었지만, 가장 높은 주지 스님이 시킨 일이라 아무 말도 할 수 없었어요.

그런데 원효가 일을 맡으면서부터 황룡사 도서관은 몰라보게 달라졌답니다.

"과연 주지 스님이 사람 보는 눈이 있네그려."

"그러게 말야. 도서관에서 책 찾는 게 이렇게 수월해지다니."

도서관을 이용하는 스님들 모두 한마디씩 했어요. 그동안은 필요한 책을 찾으려면 한나절이 걸리기도 했어요. 그런데 원효는 같은 종류의 책을 한곳에 모은 뒤 그곳에 숫자를 붙였어요. 그런 뒤 그 숫자를 적은 종이를 도서관 입구에 놓아두었지요. 그래서 그 종이만 보면 어디에 무슨 책이 있는지 금방 알 수 있었답니다.

원효는 밥 먹고 잠자는 시간, 하루 세 번 부처님께 예불 드리는 시간을 빼고는 늘 책 속에 묻혀 살았어요.

"저렇게 지독한 책벌레는 처음 본다."

황룡사 스님들은 원효를 보며 고개를 절레절레 흔들었지요.

어느덧 3년이 지났어요. 이제 스무 살이 된 원효는 황룡사에 있는 책으로는 더 이상 배울 것이 없었어요.

'대안 스님이 왜 3년 동안 있으라고 했는지 이제야 알겠구나.'

원효는 짐을 싼 뒤 주지 스님을 찾아갔어요. 그런데 주지 스님은 원효가 입을 열기도 전에 말했어요.

"나를 찾아온 걸 보니 떠날 때가 된 모양이군. 부디 큰 뜻을 이루시게."

"주지 스님, 그동안 감사했습니다."

"허허, 해동 부처님께 작은 도움이나마 줄 수 있어서 내가 더 고마웠는걸."

주지 스님과 헤어져 황룡사를 나오며 원효는 중얼거렸어요.

"울주 영취산에 계시는 낭지 스님을 찾아가라고 하셨지?"

 원효는 언제 스님이 되었을까요?

    원효가 자랄 때 어떠했는지에 대해 자세히 적어 놓은 책이 없답니다. 그래서 원효가 왜, 언제 스님이 되었는지는 정확하게 알 수 없어요.

    어떤 사람은 스물아홉 살에 스님이 되었다고도 하는데, 정확한 것은 아니라고 해요. 학자들은 대개 원효가 스님이 된 때는 열여섯 살 정도일 거라고 말합니다. 원효는 스님이 된 뒤 스승 없이 혼자 공부했으며, 나중에 낭지, 보덕, 혜공, 대안 스님 등을 찾아가 의논했다고 해요.

숨은 스승을 찾아

당시 신라의 왕은 선덕여왕이었어요. 여자가 왕이 되려 하자 신하들의 반대가 심했고, 고구려나 백제도 여자 왕을 우습게 여기고 더 자주 공격을 해 왔지요. 하지만 선덕여왕은 아주 지혜로웠어요. 겨울날 서라벌에 있는 영묘사라는 절에서 개구리가 우는 소리를 듣고, 여근곡에 숨어 있던 백제 군사들을 찾아내 무찌를 정도였지요.

서라벌에서 이런 일이 벌어지고 있을 무렵, 원효는 영취산에 도착했어요. 하지만 낭지 스님은 찾을 수 없었어요. 낭지 스님은 오랫동안 세상사를 멀리해 숨어 살았고, 나이도 이미 백 살이 넘어 살아 있는지조차 알 수 없었지요. 영취산을 몇 바퀴나 돈 원효는 영취산에 있는 절 반고사로 가 주지 스님에게 인사를 했어요.

"주지 스님, 이곳에서 잠시 공부를 하고 싶습니다."

"그러시게나."

주지 스님의 허락을 받은 뒤 원효가 물었어요.

"혹시 낭지 스님을 아십니까?"

"알지. 자네가 원효인가?"

주지 스님의 대답에 원효는 고개를 갸웃거리며 되물었어요.

"저를 어떻게 아십니까?"

"얼마 전에 낭지 스님이 원효라는 자가 찾아오면 자기 있는 곳을 알려 주라더군. 절대 사람을 만나지 않는 낭지 스님이 웬일인가 했지."

주지 스님이 가르쳐 준 곳은 깊숙한 골짜기에 있는 동굴이었어요. 흰 머리카락과 수염이 발끝까지 내려오는 낭지 스님이 그곳에 살고 있었어요.

원효는 절을 하며 말했어요.

"대안 스님이 찾아가 보라고 해서 왔습니다."

"알고 있다. 나는 이 산에서 공부한 지 백 년이 훨씬 넘었다. 내

가 아는 것은 얼마든지 가르쳐 줄 테니, 언제든지 물어 보아라."

"고맙습니다."

"내가 너의 스승이 되겠다는 것은 아니다. 너는 혼자 공부해도 충분하니, 이야기를 나누며 같이 알아보도록 하자꾸나."

그때부터 원효는 반고사에서 지내며 날마다 낭지 스님을 찾아갔어요. 낭지 스님은 나중에 원효에게 《초장관문》, 《안신사심론》 등 불교 책을 직접 쓰도록 시키기도 했답니다.

그렇다고 원효가 영취산에만 있던 건 아니었어요.

'세상을 알아야 한다. 책상 앞에서만 하는 공부는 죽은 공부다. 직접 보고, 듣고, 느껴야 한다.'

원효는 이런 생각으로 전국을 돌아다니면서 백성들과 함께 생활했습니다.

선덕여왕은 우리나라 최초의 여왕입니다

　우리나라에는 지금까지 세 명의 여왕이 있었는데, 모두 신라에서 나왔어요. 27대 선덕여왕, 28대 진덕여왕, 51대 진성여왕 등이지요.
　처음에는 여자가 왕이 되는 것을 반대하는 신하가 많았어요. 하지만 똑똑하고 인자한 선덕여왕을 신하들도 인정하지 않을 수 없었지요.
　선덕여왕은 왕이 된 지 5년째 되던 해에 다음 왕에게 왕위를 물려주려 했으나, 신하들이 모두 나서서 말리는 바람에 계속 왕으로 지냈답니다. 선덕여왕 때 백제의 공격이 가장 심했는데, 다행히 김유신 장군이 잘 막아 주었지요.

실패한 첫 번째 당나라 유학

원효는 전국을 돌아다니며 불교 공부를 하고, 가난하고 못 배운 백성들에게 불교를 널리 알리고 있었어요. 그동안 신라에는 황룡사 9층탑을 세우는 큰일이 있었지요.

643년(선덕여왕 12년)에 당나라에서 공부하던 자장 율사가 신라로 돌아와 선덕여왕에게 말했어요.

"여왕님, 얼마 전 문수 보살께서 꿈에 나타나 황룡사에 9층탑을 세우라고 했습니다. 그러면 고구려나 백제는 물론 이웃 아홉 나라가 신라에 무릎을 꿇을 것이랍니다."

"그게 정말이오?"

선덕여왕은 그 말을 믿지 않을 수 없었어요. 자장 율사 같은 고승(학덕이 높은 승려)이 거짓말을 할 리 없었기 때문이지요. 그런데 신라에는 그렇게 높은 탑을 세울 수 있는 기술자가 없었어요.

선덕여왕의 걱정을 듣고는 김춘추가 말했어요.

"백제에 아비지라는 기술자가 있습니다. 그 사람을 불러오는 건 어떨까요?"

하지만 탑을 세우면 백제가 망한다는데, 백제에서 기술자를 보내 줄 리가 없었지요. 잠시 생각하던 김춘추가 다시 말했어요.

"백제 의자왕에게 많은 보물을 보내고, 황룡사에 탑을 세우면 부처님이 백제도 보살펴 줄 거라고 하면 좋아할 것입니다."

이 말에 속아 백제 의자왕은 당시 세계 최고의 탑 건축가인 아비지를 보내 주었답니다. 그리고 2년 동안 공사를 한 끝에 세계에서 가장 높은 나무 탑인 황룡사 9층탑이 완성되었지요.

그 뒤 선덕여왕이 죽고, 진덕여왕이 왕위에 올랐어요. 진덕여왕은 백제를 공격하기 위해 당나라와 손을 잡고 싶어 했어요. 그래서 김춘추를 당나라에 보내는 한편, 백성들로 하여금 중국식 풍습을 따르게 했지요. 이때부터 새해에 세배하는 풍습이 생겨난 거랍니다.

한편, 어느덧 서른세 살이 된 원효는 그 무렵 서라벌 분황사에서 공부하고 있었어요.

어느 날, 젊은 스님이 원효를 찾아왔어요.

"저는 중이 된 지 얼마 안 된 의상이라고 합니다. 원효 스님께 배움을 얻고자 왔습니다."

원효는 겸손하게 말하는 의상이 마음에 들었어요. 의상은 귀족 신분으로, 경주 황복사에서 스님이 된 사람이었지요.

"허허, 제가 아는 것이 있어야지요."

의상 역시 다른 스님들과 달리 겸손한 원효를 존경하게 되었어요. 두 사람은 나이 차이가 여덟 살이나 났지만, 서로 좋은 친구가 될 것임을 한눈에 알아봤지요. 그 뒤로 원효와 의상은 자주 만나 모르는 것을 의논하며 친하게 지냈답니다.

그러던 중 원효가 서른네 살이 되던 650년 어느 날, 의상이 심각한 표정으로 물었어요.

"원효 스님, 당나라에 가 보지 않겠습니까?"

그 당시 당나라에는 불교가 생긴 인도에서 온 스님이 많았어요. 뿐만 아니라 신라에는 없는 귀한 불교 책이 많아, 신라 스님들이 당나라로 유학을 많이 갔답니다.

의상의 말에 원효가 반갑게 대답했어요.

"그러잖아도 더 늦기 전에 한번 다녀오려고 했소."

두 사람은 당장 떠나기로 했어요.

"의상 스님, 어디로 해서 갈 생각이오?"

"고구려를 거쳐 요동으로 갔으면 합니다."

"그보다는 배를 타고 황해를 건너가는 것이 더 빠르지 않겠소?"

원효의 말에 의상은 고개를 저었어요.

"제가 알아보니 지금은 태풍이 자주 와서 바닷길이 아주 위험하답니다."

두 사람은 곧 길을 떠났어요. 몇 달 동안 산을 넘고 강을 건너며 걷고 또 걸었지요.

"원효 스님, 이제 저 국경만 넘으면 당나라 땅입니다."

의상이 이마에 흐르는 땀을 닦으며 말했어요.

그때였습니다.

"꼼짝 마라!"

숲 속에서 한 무리의 고구려 군사들이 튀어나오며 소리쳤어요. 그러더니 두 사람을 다짜고짜 붙잡고는 근처에 있는 성으로 끌고 갔습니다.

"웬 놈들이기에 당나라로 넘어가려 하였느냐?"

고구려 수비 대장이 의심스런 눈초리로 원효와 의상을 훑어보며 말했어요.

원효는 침착하게 대답했지요.

"우리는 신라의 중이오. 공부를 하기 위해 당나라로 가는 길이었소."

당시 고구려, 백제, 신라는 서로 싸우고 있었지만, 세 나라 모두 불교를 믿었기에 스님들은 각 나라를 오갈 수 있었어요. 하지만 이번에는 달랐습니다.

"거짓말 마라. 네놈들은 스님으로 변장한 신라의 첩자임에 틀림없다."

어이가 없었지만, 원효는 차분히 다시 말했어요.

"이것 보시오. 우리가 가진 것은 불경과 목탁뿐이오. 그런 우리를 어찌 첩자라고 하시오?"

수비 대장은 처음에 원효와 의상이 진짜 신라의 첩자라고 생각했어요. 하지만 짐을 모조리 뒤져 봐도 무기나 암호 편지 같은 것은 나오지 않았지요. 또 원효와 의상의 말과 행동은 공부를 많이 한 스님들에게서나 볼 수 있는 것이었어요. 하지만 국경을 지키는

 수비 대장은 모든 사람을 의심할 수밖에 없었답니다.
 "얼마 전에 너희 나라 김춘추라는 자가 당나라로 가 우리를 공격하자고 했다는 걸 알고 있는데, 어떻게 너희를 믿겠느냐. 여봐라, 이 두 사람을 끌고 가 철저히 조사하도록 해라."
 수비 대장은 한풀 꺾인 목소리로 부하들에게 명령했어요.
 원효와 의상은 여러 날 조사를 받았어요. 하지만 아무리 조사를 해도 의심할 만한 게 나오지 않았지요.

"원효 스님, 죄송합니다. 위에서 시키니까 저도 어쩔 수가 없답니다."

"의상 스님, 말도 안 되는 걸 자꾸 물어 봐서 죄송합니다."

나중에는 조사하던 고구려 군사들이 더 미안해할 정도였지요.

결국 수비 대장이 두 사람을 불러 말했어요.

"두 분 스님, 그동안 고생하셨습니다. 하지만 저는 국경 수비 대장이라 어쩔 수 없었습니다."

"이해합니다. 이제 우리를 풀어 주는 겁니까?"

원효의 말에 수비 대장이 난처하다는 듯이 말했어요.

"풀어 드리겠습니다. 단, 지금은 신라와 당나라가 손을 잡고 있다는 소문이 있으니, 신라 사람을 당나라로 보낼 수는 없습니다. 신라로 돌아가십시오."

하는 수 없이 두 사람은 신라로 돌아올 수밖에 없었답니다. 그러고는 각자 절에서 지내면서, 가끔 만나 불교에 대한 이야기를 나누었지요.

그 뒤로 원효는 시간이 날 때마다 거지 촌이나 백정 마을, 심지어 전염병이 도는 곳까지 달려가곤 했답니다.

"목숨은 하늘에 달렸으니 걱정할 것 없다."

행여 전염병이라도 옮을까 봐 걱정하는 사람들에게 원효는 이렇게 말하고는 병든 사람들을 돌봤습니다. 하지만 아무리 정성을 다해도 의술 없이 모든 병을 고치기는 어려웠지요.

'돈이 없어 치료를 못 받고 죽어 가는 사람들을 보고만 있어야 하다니…….'

원효는 의술을 배우자고 마음먹었어요. 그리고 서라벌로 가서 가장 유명하다는 어느 의원을 붙잡고 부탁했어요.

"나에게 의술을 좀 가르쳐 주시오."

하지만 의원은 고개를 가로저었어요.

"의술은 평생을 배워도 다 모를 정도로 어렵습니다."

그러나 원효는 가난한 사람들을 치료하기 위해서라며 물러서지 않았어요. 그러자 의원은 침 놓는 방법 몇 가지를 가르쳐 주었어요. 그러고는 책 한 권을 주며 말했지요.

"원효 스님, 이 책으로 3년 정도 공부하면 간단한 병은 고칠 수 있을 겁니다."

며칠 뒤, 원효가 의원을 다시 찾았어요.

"이보다 더 어려운 책은 없소?"

의원은 원효가 장난을 한다고 생각하며 아주 어려운 책을 내주었어요. 그런데 며칠 뒤 원효가 의원을 다시 찾아와 좀 더 어려운 책을 달라고 했어요. 기가 막힌 의원이 말했습니다.

"제대로 알지도 못하면서 자꾸 책만 달라면 어떡합니까?"

그러자 원효는 대뜸 옆에 누워 있는 환자의 손목을 잡아 보더니 말했어요.

"이 사람은 음식을 잘못 먹어 대장에 병이 들었군요."

그러고는 침을 꺼내 환자의 배에 침을 놓았어요. 그러자 누워 있던 환자가 아무렇지도 않은 듯 일어났어요. 의원은 벌어진 입을 다물지 못했지요.

"어떻소? 이 정도면 좀 더 어려운 책을 빌려 주겠소?"

의원은 더 이상 아무 말도 하지 못하고 자기가 가진 의술 책을 모두 빌려 주었습니다. 그리고 그 뒤로는 원효가 물어 보면 자세히 가르쳐 주었답니다. 원효가 밤을 지새우며 책을 읽고 또 읽어다 외워 버렸다는 사실을 의원은 몰랐던 거예요. 그래서 사람들에게 이렇게 말했지요.

"그 사람은 천재야, 천재!"

원효는 이때 배운 의술로 병들고 가난한 사람들을 치료해 주었답니다.

 황룡사와 9층탑

　진흥왕 때 새 궁궐을 지으려고 땅을 파자 황룡이 나타나 궁궐 대신 지었다는 절이 바로 황룡사예요. 황룡사는 신라에서 가장 큰 절이었습니다. 선덕여왕 때 황룡사에 9층탑을 세웠는데, 9개의 층은 신라 주위의 9개 나라를 뜻한답니다.

　이 탑은 신라의 세 가지 보물 중 하나였는데, 고려 시대 때 몽골군이 쳐들어와 황룡사와 함께 불태워 버렸어요. 그래서 이 탑의 정확한 모양은 알지 못해요. 지금까지 밝혀진 바로는 높이가 약 82미터로, 오늘날 30층짜리 아파트 높이였다고 해요. 나무로 만든 탑 가운데 세계에서 가장 높았답니다.

원효가 믿고 따른 괴짜 스님들

당나라로 가려다 실패한 원효는 아픈 사람들을 돌봐 주는 틈틈이 책을 썼어요. 그러면서 또 다른 고민으로 괴로워했지요. 이웃 나라의 침략이 갈수록 심해져 보고만 있을 수 없었기 때문이에요. 원효는 생명을 죽여서는 안 되는 스님이기 전에 신라의 백성이었으니까요.

"여러분, 나라가 있어야 스님도 있습니다. 지금은 우리가 절에서 편히 있을 때가 아닙니다."

도옥 스님은 그렇게 말하고는 전쟁터로 나가 싸우다 죽었습니다. 이 일을 계기로 스님들 생각은 두 가지로 나뉘었어요.

"우리도 나라를 위해 나가 싸워야 합니다!"

한쪽에서 이렇게 외치면, 다른 쪽에서는 반대의 목소리를 높였습니다.

"그럴 수는 없소. 스님은 절대 살생을 하면 안 되오."

원효는 어떻게 해야 할지 고민스러웠어요.

고민이 깊어 가던 어느 날이었어요. 그날도 병든 사람들을 치료해 주고 오는 길이었지요. 길가에 앉아 있던 어느 거지가 원효를 보고 말을 건넸어요.

"천하의 원효 스님이 무슨 고민을 그리 하시는가?"

거지는 등에 커다란 삼태기를 짊어지고 있었어요.

"혜공 스님 아닙니까?"

원효는 혜공을 한눈에 알아보고 반갑게 인사를 했습니다.

혜공은 신라에서 아주 유명한 스님이었어요. 노비로 태어나 일곱 살 때 죽어 가는 주인의 병을 고쳐 주었는데, 그 일로 노비에서 풀려나 스님이 되었지요. 당시 노비는 스님이 될 수 없었거든요.

혜공은 스님이 된 뒤 술에 취해 춤을 추면서 부처님의 말씀을 쉬운 노래로 만들어 사람들에게 알리고 다녔어요. 등에 커다란 삼태기(부궤)를 짊어지고 다녀서 '부궤화상'이라 불리는 괴짜 스님

이었지요. 또 수행할 때는 몇 달씩 깊은 우물 속에 들어가 있었는데 옷에 물 한 방울 젖지 않았다고 해요.

"원효 스님, 절 앞 개울로 가서 이야기 좀 합시다."

혜공은 원효의 대답을 듣지도 않은 채 앞서 가더니, 작은 그물로 물고기를 잡아 모닥불에 구웠어요. 그러고는 삼태기에서 술을 꺼내 원효에게 건넸지요.

"스님이 어떻게 술과 고기를 먹습니까? 저는 먹지 않겠습니다."

원효는 손을 내저으며 말했어요. 그러자 혜공은 술을 벌컥벌컥 들이마시고는 물고기를 어적어적 씹으며 말했지요.

"나는 이 술이 물로 보이고 물고기는 더덕으로 보이는데, 원효 스님은 술과 물고기로 보이는 모양이구려."

원효는 아무 말도 할 수 없었어요. 혜공이 말을 이었지요.

"무식한 백성들에게 부처님 말씀을 전하려는 사람이 무식한 백성들처럼 해 보지 않고서 그들이 무슨 생각을 하는지 어떻게 알 수 있겠는가? 그리고 도옥 스님처럼 나가 싸우지 않아도 원효 자네가 할 일은 그보다 훨씬 더 중요한, 백성들 마음을 구하는 일임을 왜 모르는가?"

원효는 그제야 깨달았습니다. 진정으로 백성을 위하는 길은 그들의 마음을 편하게 해 주는 것이라는 것을, 그래서 대안 스님도 '대안, 대안' 하며 외치고 다닌다는 것을 말이에요.

"저도 한 잔 주십시오."

원효는 혜공이 준 술을 단숨에 마시고 물고기를 안주로 먹었습니다. 그러고는 혜공과 함께 많은 이야기를 나누었지요.

술기운이 오르고 배가 부르자 두 사람은 개울가 돌 위에 앉아 똥을 누었어요.

자기들이 눈 똥을 보며 혜공이 손뼉을 치며 말했어요.

"으하하, 원효 자네는 똥을 누었지만 나는 물고기를 누었도다."

그 말이 끝나자마자 혜공이 눈 똥이 살아 있는 물고기로 변해 물속으로 펄쩍 뛰어들었어요.

이 일이 있고 난 뒤 개울가에 있던 절을 '오어사'라고 부르게 되었답니다. '오어'란 '여시오어'의 준말로, '너는 똥을 누고 나는 고기를 누었다'라는 뜻이에요.

나중에 원효는 책을 쓰다가 막히는 부분이 있으면 혜공에게 물었고, 혜공은 자기가 아는 대로 자세히 설명해 주었어요. 또 원효도 혜공을 본받아 미친 사람처럼 행동하면서 백성들을 찾아다녔지요.

원효가 좋아한 스님 가운데에는 대안 스님도 있었어요. 대안은 원효가 스님이 된 지 얼마 되지 않았을 때 잠시 만났다가 원효가 당나라로 가다가 되돌아온 뒤부터 가깝게 지냈습니다.

서라벌 남산 기슭에 굴을 파고 지내던 대안을 어느 날 원효가 찾아갔어요. 그런데 대안은 죽은 너구리 새끼 두 마리를 안고 울고 있었어요.

"대안 스님, 왜 울고 계십니까?"

"그제 어미가 사냥꾼에게 잡혀 죽어서 내가 데려다 먹이를 주었는데, 결국 어제 밤에 두 마리 다 죽고 말았다네. 소중한 생명이 둘이나 죽었는데 어찌 슬프지 않겠는가. 사람이나 짐승이나 생명은 똑같이 소중한 것이라네. 하물며 사람 사이에 귀족이 어디 있고, 노비가 어디 있겠는가."

원효는 머리를 무언가로 세게 얻어맞은 것 같았어요. 귀족들 앞에서도 거침없이 소리치는 대안이 죽은 너구리 새끼를 안고서 밤새 슬퍼하고 있었기 때문이지요.

원효는 대안 스님에게 고개를 숙이며 말했습니다.

"대안 스님, 생명의 소중함과 모두가 평등함을 깨우쳐 주셔서 고맙습니다."

혜공과 대안말고도 원효의 공부에 도움을 준 스님 중에는 보덕도 있었어요.

보덕은 원래 고구려의 스님이었는데, 불교를 멀리하려는 연개소문과 사이가 나빠져 백제로 왔답니다. 백제 완산주(지금의 전주)로 올 때 도술을 부려 자기가 있던 절을 통째로 들고 하늘을 날아왔다는 소문이 있을 정도로 뛰어난 스님이었어요. 이렇게 유명한 스님이었기에 원효는 공부를 하다가 궁금한 것이 있으면 백제 땅까지 달려가 물어 보았답니다.

 스님들이 하지 말아야 할 것들

부처님이 스님들에게 절대로 하지 말라고 한 다섯 가지가 있습니다. 그 가운데 한 가지라도 어기면 '파계'라고 하여 절에서 쫓겨났답니다.

첫째, 살아 있는 생명을 죽이지 말라(불살생).
둘째, 남의 것을 훔치지 말라(불투도).
셋째, 여자를 가까이하지 말라(불간음).
넷째, 거짓말하지 말라(불망어).
다섯째, 술을 마시지 말라(불음주).

원효는 이 가운데 불간음과 불음주를 어겼습니다. 하지만 부처님께서 가장 중요하게 생각한 자비(사랑)를 실천하기 위해서였기 때문에 절에서 쫓겨나지는 않았답니다.

요석 공주의 사랑

원효가 서른여덟 살 되던 654년, 진덕여왕이 죽고 김춘추가 왕이 되었어요. 김춘추는 백제를 멸망시킨 태종 무열왕이지요.

당시 원효는 혜공이나 대안과 같은 괴짜 스님들과 함께 지내며 백성들에게 불교를 가르쳤어요. 신라 백성들 모두 원효를 깊이 존경하고 있었고요.

"원효 대사가 분황사에서 설법을 하신다며? 새벽 일찍 가서 앞에 앉아야겠군."

원효가 설법(불교의 진리를 풀어 설명하는 것)을 한다는 소식이 들리면 사람들이 구름처럼 몰려들었어요. 그러자 원효를 시기하는 스님들이 수군거리곤 했습니다.

"흥, 제가 알면 얼마나 안다고."

그러나 원효는 그런 말에 조금도 신경 쓰지 않았지요.

마흔 살이 넘었을 무렵, 원효는 번잡한 서라벌을 떠나 소요산에 자재암이라는 작은 절을 짓고 그곳에 머물곤 했답니다.

그러던 어느 날, 원효는 서라벌 분황사 주지 스님의 초청으로 그곳에 가서 설법을 하게 되었어요. 수많은 사람이 분황사 마당을 가득 메웠지요.

"여러분 모두가 부처님입니다. 여러분 마음속에 부처가 될 씨앗이 있습니다."

원효의 낭랑한 목소리가 뒤쪽까지 울려 퍼졌어요. 맨 뒤에는 아름다운 귀부인이 앉아 설법을 듣고 있었지요. 설법이 끝나고 사람들이 돌아간 뒤 궁녀 한 명이 원효를 찾아왔어요.

"원효 대사님, 요석 공주님께서 잠깐 뵙기를 원합니다."

궁녀 뒤에는 눈이 부실 정도로 아름다운 귀부인이 다소곳이 서 있었어요. 원효가 합장을 하며 물었습니다.

"공주님께서 무슨 일로 저를 보자고 하십니까?"

얼굴이 붉어진 요석 공주가 부끄러운 듯 말했어요.

"원효 대사님 말씀은 오래 전부터 들었습니다. 한 번이라도 가까이서 뵙고 싶어 부끄러움을 무릅쓰고 찾아왔습니다."
　그 순간, 원효는 요석 공주의 마음을 읽고 말았습니다.
　요석 공주의 따뜻한 눈빛이 원효를 사랑한다고 말하고 있었으니까요.

"저는 여인을 가까이할 수 없는 스님의 몸입니다. 이만 가 보겠습니다."

성큼성큼 걸어가는 원효의 마음도 아프긴 마찬가지였어요.

무열왕의 둘째 딸인 요석 공주는 결혼한 지 3일 만에 남편이 전쟁터에서 죽었어요.

그 뒤로 쓸쓸히 혼자 지내는 요석 공주를 서라벌 사람들 모두 불쌍히 여겼지요. 그런 요석 공주가 부끄러움을 무릅쓰고 원효를 보기 위해 찾아온 것이었어요.

원효는 속으로 말했습니다.

'미안하오, 공주. 용서하시오.'

급히 걸어가는 원효를 주지 스님이 불렀어요.

"스님, 백성들이 스님의 설법을 들으려고 저렇게 몰려오니 분황사에 몇 달간 머물며 설법을 해 주시구려."

백성들이 원한다는 말에는 원효도 어쩔 수 없었지요. 원효는 다음 날부터 백성들에게 부처님 말씀을 강의했고, 뒤쪽에 앉아 있는 요석 공주를 볼 때마다 몹시 괴로웠습니다. 스님이 여인의 사랑을 받아들이면 '파계'라 하여 스님 되는 것을 포기해야 한답니다. 원효는 그럴 수 없었지요.

마지막 강의가 끝나는 날, 궁녀가 비단으로 만든 승복을 가져왔어요.

"공주님께서 스님을 위해 직접 만든 옷입니다."

원효는 쳐다보지도 않고 한마디만 툭 던졌어요.

"알았다. 거기 두고 가거라."

궁녀가 돌아가자 원효의 시중을 드는 젊은 스님이 옷을 펼쳐 보며 말했어요.

"어유, 이렇게 예쁘고 잘 만든 옷은 처음 보네요."

"갖고 싶으면 가져라."

원효의 말에 젊은 스님은 무척 좋아했지요.

"정말요? 정말 제가 가져도 되나요?"

"그래. 내 옷은 아직 몇 년은 입을 만하니 네가 입도록 하여라."

"고맙습니다, 원효 대사님."

원효는 분황사에 더 있으면 안 될 것 같아 급히 짐을 꾸려 소요산으로 떠났어요. 그런데 길을 가다 만난 대안 스님이 덩실덩실 춤을 추며 말했어요.

"불쌍한 여인 한 명도 못 구하는 스님이 어떻게 수많은 백성을 구하겠다는 건지……. 지나가는 개가 웃을 일이로세. 으하하하!

대안, 대안."

대안 스님의 말을 들으며 원효는 문득 깨달았어요.

'그렇구나. 파계를 하고 안 하고가 무슨 상관인가. 나를 필요로 하는 사람이 한 명이라도 있다면 그를 편안하게 해 주는 것이 내가 할 일임을 왜 몰랐단 말인가.'

서라벌로 다시 돌아온 원효는 노래를 부르며 거리를 쏘다녔습니다.

"누가 자루 빠진 도끼를 주겠는가? 내가 하늘을 떠받칠 기둥을 깎으리라."

원효의 노래는 서라벌 장안에 널리 퍼져 나갔어요. 하지만 그 뜻을 아는 사람은 없었답니다. 사람들은 뜻도 모르는 채 노래를 따라 불렀어요. 결국 무열왕까지 그 노래를 듣게 되었지요.

무열왕은 빙그레 웃으며 왕비에게 말했어요.

"음, 원효 대사가 드디어 우리 요석 공주의 사랑을 받아들이겠다는군."

"대왕께서는 그걸 어떻게 아십니까?"

"들어 보시오. '자루 빠진 도끼'는 남편 없는 과부를 뜻하고, '하늘을 떠받칠 기둥'은 나라의 큰 인물이라는 뜻이오. 과부와 결혼하여 큰 인물을 낳겠다는 말 아니겠소?"

왕의 설명을 들은 왕비는 노래의 뜻은 알았지만, 궁금한 것이 또 있었어요.

"그럼 요석 공주한테 직접 가면 되지, 왜 노래를 부르며 다닌답니까?"

"왕비도 참 답답하오. 원효는 이름 높은 스님이고, 우리 요석 공주는 과부잖소. 스님과 과부가 결혼하면 사람들이 뭐라 하겠소? 그러니 임금이 나서서 결혼시켜 달라는 것이지요. 임금인 내가 결혼하라고 명령하는데, 감히 누가 뭐라 하겠소?"

무열왕은 호위 대장을 불러 말했습니다.

"지금 당장 원효 대사를 요석궁으로 모셔라."

호위 대장은 부하들과 함께 원효를 찾아 나섰어요. 때마침 원효는 요석궁과 가까운 문천교를 건너고 있었지요.

호위 대장이 원효를 막아서며 말했습니다.

"원효 대사님, 저와 함께 가실 데가 있습니다."

원효는 짐짓 놀라는 척했어요.

"나는 잘못한 일이 없소. 왜 나를 잡아가려 하시오?"

호위 대장과 옥신각신하던 원효는 일부러 다리 밑으로 떨어졌

어요. 온몸이 다 젖은 원효를 보고 호위 대장이 부하들에게 소리쳤지요.

"원효 대사님이 감기에 걸리시기 전에 어서 모셔라, 어서!"

군사들은 원효를 번쩍 들어 요석궁에 데려다 놓고 가 버렸어요. 그러자 요석 공주가 갈아입을 옷을 들고 와 말했어요.

"원효 대사님, 이곳까지 와 주셔서 고맙습니다."

원효는 요석 공주를 보며 안타까운 목소리로 말했어요.

"공주, 나는 그대와 며칠 동안만 같이 있어 줄 수 있소. 그래도 괜찮겠소?"

"며칠만이라도 대사님과 함께 있을 수 있다면, 평생을 남편으로 생각하며 살겠습니다."

원효는 사흘 동안 요석궁에 있다가 거리로 나왔어요. 눈물을 흘리는 요석 공주를 남겨 두고 나오는 원효의 마음은 몹시 아팠답니다. 하지만 스님의 몸으로 언제까지 그곳에 있을 수는 없었지요. 원효는 요석궁을 나오자 하늘을 향해 외쳤습니다.

"내가 스님으로서 하지 말아야 할 일을 했으니, 이제부터 내 이름은 소성 거사다."

'거사'는 스님은 아니지만 스님 공부를 하는 남자라는 뜻이랍니다.

　그리고 열 달 뒤, 요석 공주는 사내아이를 낳았어요. 소식을 들은 원효는 요석 공주에게 편지를 보냈습니다.

　'그 아이는 장차 신라를 위해 큰일을 할 것이니, 이름을 총이라고 지으시오.'

　이렇게 하여 신라 시대에 가장 뛰어난 학자 중 한 명인 설총이 태어났답니다.

 신라 최고의 학자 설총은 이두도 정리했습니다

한자는 중국 말을 적는 글자로, 우리말을 적을 때는 어려움이 많았답니다. 그래서 우리 조상들은 세종 대왕이 한글을 만들기 전까지 이두를 사용했지요. 이두란 한자의 음과 뜻을 빌려 우리말을 쉽게 적는 방법으로, 신라 시대 때 생겼습니다.

예전에는 이두를 설총이 만든 것으로 알았는데, 더 연구를 해 보니 설총이 만들지는 않았다고 해요. 정리가 되어 있지 않아 아주 복잡한 것을 설총이 알기 쉽게 정리한 것이랍니다. 또 설총은 신라 최고의 학자 중 한 명으로, 최치원, 강수와 함께 '신라 3문장'으로 불립니다.

미치광이 원효

요석궁을 나온 뒤 원효는 혜공, 대안 스님과 똑같아졌어요.

"으하하하, 혜공 스님과 대안 스님이 왜 비렁뱅이처럼 다니는지 이제야 알겠구나."

원효는 거지 움막에서 지내기도 하고, 소를 잡는 백정과도 함께 잤으며, 술을 파는 기생집에도 갔답니다.

기생이 원효에게 물었어요.

"스님께서 천한 기생집에 오면 안 되잖아요?"

원효는 껄껄껄 웃으며 대답했지요.

"왜 안 되느냐? 기생도 사람이고 스님도 사람인데, 사람이 사람을 찾아가는 게 잘못이란 말이냐? 들어 보아라. 옛날 부처님께서 길을 가는데, 어떤 거지가 부처님의 옷을 잡고 먹을 걸 달라고 했단다. 그러자 옆에 있던 제자가 거지를 호되게 야단쳤지. 그런데 부처님은 그 거지에게 입고 있던 옷을 벗어 주었단다. 놀란 제자가 왜 그러시느냐 물으니까 부처님이 뭐라고 하신 줄 아느냐?"

기생은 초롱초롱한 눈으로 바짝 다가앉으며 되물었지요.

"무어라고 하셨는데요?"

"부처님은 제자에게 '저 거지는 전생에 내 부자 친척이었는데, 구두쇠 노릇을 한 죄로 이번에는 거지로 태어났느니라. 지금 내 주위에 있는 사람은 전생에 나의 부모였을 수도 있고, 친구였을 수도 있는데 그런 소중한 사람들을 미워해서야 쓰겠느냐'라고 하셨단다."

기생은 원효의 이야기를 들으며 자기도 모르는 사이에 사람을 소중히 여겨야 한다는 부처님 말씀을 깨닫게 되었지요.

어느 날, 원효는 거리에서 광대패를 만났어요. 커다란 바가지를 두드리며 재미있는 춤을 추는 광대패에게 다가간 원효가 이렇게 말했어요.

"이보시게. 내게 그 춤 좀 가르쳐 주게."

"천한 광대들이 추는 춤을 스님께서 배워 뭐 하시게요?"

"쓸데가 있어서 그러니 가르쳐 주게."

광대는 원효를 힐끗 쳐다보더니 춤을 가르쳐 주었답니다.

원효는 불교의 진리를 쉽게 풀어 '무애가'라는 노래를 지은 뒤 바가지를 두드리며 그 춤을 추었어요. 춤이 어찌나 재미있던지 사람들이 따라하기 시작했고, 자연히 '무애가'도 널리 불리게 되었지요. 시간이 지나자 노인, 어린이 할 것 없이 모두들 그 춤과 노래를 부를 줄 알게 되었답니다. 그러면서 백성들은 서서히 달라져 갔습니다.

"나무아미타불이 무슨 뜻인 줄 아남?"

"알고말고! '무애가'에 그 뜻이 다 담겨 있잖은가."

이렇게 하여 글자를 모르는 사람들도 '나무아미타불'이라는 염불을 할 줄 알게 되었답니다.

그런데 원효는 밤만 되면 어디론가 사라지곤 했어요. 어디로 가는지는 아무도 몰랐습니다. 원효가 밤만 되면 가는 곳은 다름 아닌 산속 토굴이었어요. 토굴에는 책이 한가득 쌓여 있었지요.

"어이쿠, 오늘은 너무 늦었구나. 오늘까지 이 책을 다 써야 하는데……."

원효는 밤이 되면 토굴에서 공부를 하고 책을 썼던 거예요. 자신이 쓴 책을 대안 스님한테 보여 주곤 했는데, 그러면 대안 스님은 꼼꼼하게 읽고 난 뒤 말했습니다.

"언제 책 쓸 시간이 있었나?"

원효는 빙그레 웃으며 대답했지요.

"남들은 나를 천재라 하지만, 남 몰래 노력을 했기에 천재 소릴 듣는 것이지요."

"자넨 참으로 대단한 사람이야. 어려운 불경을 이렇게 쉽게 풀어 쓴 책은 내 지금껏 본 적이 없네, 허허."

이 시기에 원효가 쓴 책은 수십 권이 넘는답니다.

원효가 부른 노래들

원효는 백성들에게 불교를 알리기 위해 '무애가', '미타증성가' 등 노래를 많이 지었어요. '미타증성가'는 부처님의 자비가 가득 찬 정토에 태어나 영원히 행복하자는 소원을 노래한 거예요. '미타증성가'는 지금도 가사 일부가 전해지는데, '무애가'의 가사는 전해지지 않아요.

원효는 광대들이 조롱박을 가지고 노는 것을 보고 자기도 그런 도구를 만들어 '무애'라고 이름 붙였어요. 무애를 두드리며 노래한 것이 '무애가'이고, 노래할 때 춘 춤이 '무애무'랍니다. '무애가'와 '무애무'는 조선 시대까지 전해졌다고 해요.

당나라 유학 길에서 깨달은 진리

원효가 비렁뱅이처럼 돌아다니던 시절, 백제에서는 아주 이상한 일들이 일어났어요. 659년 무렵이었지요.

"으악, 괴물이 나타났다!"

백제 오회사라는 절에 시뻘건 말이 나타나 날뛰다가 스님들이 비명을 지르자 사라졌어요. 또 얼마 뒤에는 백마강 가에 10미터나 되는 물고기가 죽어 있었는데, 그 고기를 가져다 끓여 먹은 사람들도 모두 죽고 말았답니다. 그러자 사람들 사이에 이상한 소문이 퍼지기 시작했어요.

"백제가 망하려는 조짐이다."

"맞아. 얼마 못 갈 것 같아."

그런데도 백제 의자왕은 늘 술에 취한 채 노는 데만 정신이 팔려 있었어요. 충신 성충이 나라를 보살피라고 말했다가 감옥에서 죽은 뒤로, 아무도 의자왕에게 바른말을 하지 않았지요.

다음 해에는 더 이상한 일이 일어났어요.

백마강에서 고기를 잡던 어부가 관가로 뛰어와 말했습니다.

"나리, 강물이 시뻘겋게 변했습니다요."

다른 백성들도 뛰어오면서 외쳤어요.

"우리 우물이 핏물처럼 빨개요!"

그뿐 아니었어요. 수많은 두꺼비가 나무로 기어올랐으며, 사슴과 개들이 백제 궁궐을 향해 짖어 댔고, 머리를 풀어헤친 귀신이 밤중에 백제 궁궐에 나타나 외치고 다녔어요.

"백제는 망한다, 백제는 망한다!"

궁궐 수비대가 쫓아가자 귀신은 땅속으로 들어가 버렸어요. 수비 대장이 그곳을 파자 90센티미터쯤 되는 거북이 나왔는데, 등에 '신라는 초승달이고 백제는 보름달이다'라고 쓰여 있었답니다. 의자왕이 점쟁이를 불러 무슨 뜻인지를 묻자, 점쟁이가 대답했습니다.

"초승달은 점점 커지고 보름달은 점점 작아질 것입니다. 즉 신라는 커지고, 백제는 작아진다는 뜻입니다."

그 말을 들은 의자왕은 불같이 화를 냈지요.

"뭐라고? 너는 신라의 첩자임이 틀림없다. 당장 이놈의 목을 쳐라!"

새로 불려 온 다른 점쟁이는 겁에 질려 거짓말을 했어요.

"보름달은 밝고 초승달은 어둡습니다. 즉 백제가 신라보다 힘이 세다는 뜻입니다."

의자왕은 그제야 기분이 좋아졌습니다.

"그럼 그렇지. 여봐라, 이 점쟁이에게 큰 상을 주어라."

그 뒤로 바른말을 하는 신하는 한 사람도 없었지요.

신라 무열왕은 이 틈을 노려 김유신 장군에게 말했어요.

"당나라 소정방 장군이 13만 군사를 이끌고 우리를 도울 것이니, 백제를 치도록 하시오."

"예, 반드시 백제를 무너뜨리겠습니다."

김유신은 황산벌에서 백제의 계백 장군에게 막혔으나, 열여섯 살 된 화랑 반굴과 관창의 용기로 승리했습니다.

그리하여 원효가 마흔네 살이던 660년, 백제는 망하고 의자왕

과 신하를 비롯해 1만여 명이 당나라로 끌려갔답니다. 이 소식을 들은 원효는 크게 슬퍼했습니다.

"아, 삼국 통일은 이루어야 하지만, 같은 민족끼리 너무 많은 피를 흘리는구나."

원효는 전쟁으로 죽은 사람들을 위해 백일기도를 올렸어요. 백일기도가 끝나던 날, 의상이 원효를 찾아왔지요.

"원효 스님, 다시 당나라에 가지 않겠습니까?"

"당나라요?"

"예. 이제 백제가 신라 땅이 되었으니 당항성에서 배만 타면 금방 갈 수 있습니다."

"그래요? 그러면 갑시다. 공부를 더 할 수 있다면 당연히 가야지요."

원효와 의상은 곧바로 길을 떠났어요. 서라벌을 출발해 안동, 단양, 여주, 이천, 수원을 거쳐 남양만에 있는 당항성에 도착했지요.

비가 쏟아지는 저녁 무렵, 두 사람은 무너진 무덤을 토굴로 알고 잠이 들었어요. 그 무덤에서 해골 물을 마신 원효는 깨달음을 얻고 의상과 헤어져 서라벌로 돌아왔지요.

백제의 멸망 때 나타난 신기한 사건들

　백제는 기원전 18년에 고구려 주몽의 아들 온조가 세운 나라입니다. 문물이 발달했던 백제는 일본에 각종 문화를 전해 주기도 하고, 바다로 진출해 그 힘을 멀리 동남아시아까지 뻗치기도 했지요. 하지만 나라를 세운 지 678년 만인 660년에 멸망하고 말았답니다.
　당나라 군사들이 백제의 모든 것을 불사르고 빼앗아 갔기 때문에 백제와 관련해 남아 있는 것은 많지 않아요. 그런데 백제가 망할 때 다음과 같은 이상한 일들이 일어났다고 해요.

- 붉은 말이 오회사에 나타났다가 사라졌습니다.
- 여우 떼가 궁중으로 몰려들었다가 순식간에 사라졌습니다.
- 궁궐에 살던 암탉과 참새가 짝을 지었습니다.
- 백마강에 10미터나 되는 물고기가 죽어 있었습니다.
- 백마강에 5미터가 넘는 여자 시체가 떠올랐습니다.
- 궁궐 남쪽 길에서 귀신이 울다가 사라졌습니다.
- 부여의 우물물이 모두 빨갛게 변했습니다.
- 수많은 두꺼비가 나무로 기어올라 갔습니다.
- 부여에 있던 절들에 벼락이 떨어졌습니다.
- 사슴과 개들이 궁궐을 향해 짖더니 사라졌습니다.
- 궁궐에 나타난 귀신이 땅속으로 사라져 그곳을 파 보니 거북이 나왔습니다.

심부름꾼도 되고
김유신 장군도 구한 원효

원효가 서라벌로 돌아온 지 얼마 지나지 않아 무열왕이 죽고 그의 아들이 새 왕이 되었어요. 새로 왕이 된 문무왕은 완전한 삼국 통일을 이루기 위해 기회를 엿보고 있었지요.

그 무렵 원효는 그동안 깨달은 것들을 정리하기 위해, 자신을 알아보는 사람이 없는 감천사라는 절을 찾아갔답니다.

절에 도착한 원효는 관리 스님에게 말했어요.

"스님, 겨울 동안 이곳에서 부목 생활을 하게 해 주십시오."

"나이도 적지 않은데, 할 수 있겠나?"

부목이란 절에서 온갖 허드렛일을 하는 사람을 일컫는 말이에요.

"그럼요! 나이가 많아도 힘 하나는 쓸 만하답니다."

원효가 씩씩하게 대답하자 관리 스님은 선선히 허락했어요.

"그럼 그렇게 하도록 하게. 그런데 이름이 뭔가?"

"돌쇠라고 합니다."

그날부터 원효는 돌쇠라 불리며, 밥을 짓고 설거지와 빨래 등 온갖 심부름을 했답니다. 어찌나 열심히 하는지 스님들 칭찬이 자자했지요.

"이번에 들어온 돌쇠는 정말 성실하더군."

"그러게요. 똥이 묻은 빨래도 웃으면서 빤다니까요."

감천사 스님들은 돌쇠가 원효 대사라고는 상상도 하지 못했어요. 수많은 불교 책을 쓰고, 모든 백성이 존경하는 분이 그런 천한 일을 하리라고는 생각도 못했으니까요.

'다행이야. 나를 알아보는 사람이 있으면 이렇게 조용히 지낼 수 없을 텐데 말야.'

원효도 안심했습니다.

그런데 감천사에는 나이 많은 스님이 한 사람 있었답니다. 방울 스님이라 불리는 사람이었는데, 성격이 괴팍하고 다른 스님들에게 함부로 욕을 해 대서 아무도 좋아하지 않았지요. 그런 방울 스님이 저녁밥을 짓는 원효를 찾아와 말했습니다.

"이봐, 남는 누룽지 있으면 좀 줘. 밤이 되면 배가 고프거든."

그러자 같이 일하는 젊은 부목이 버럭 화를 냈어요.

"말도 안 되는 소리 좀 그만 하시오. 댁한테 줄 누룽지가 있으면 내가 먹겠소."

옆에서 말없이 웃기만 하던 원효는 밤늦게 방울 스님 방문 앞으로 가서 말했어요.

"방울 스님, 여기 누룽지 두고 갑니다."

방울 스님이 안에서 대답했지요.

"알았네. 고마우이."

원효는 빙그레 미소 지었어요. 그러고는 겨울 내내 방울 스님에게 누룽지를 가져다 주었답니다.

해가 바뀌고 봄이 찾아왔어요. 어느 날, 스님 몇 명이 법당에 모여 떠들썩하게 토론을 하고 있었어요. 마침 원효가 그 앞을 지나는데, 한 스님이 말하는 소리가 들렸습니다.

"깨달음을 얻기 위해서는 계율을 철저히 지켜야 한다니까."

그러자 다른 스님이 말했어요.

"아니지. 계율을 지키지 않아도 마음만 바르면 되는 거야."

스님들은 서로 자기가 옳다며 목소리를 높였어요. 이야기를 듣고 있던 원효가 자기도 모르게 한마디를 했습니다.

"몸이 있어야 마음이 있고, 몸은 마음이 시키는 대로 행동하니 이 둘은 결국 하나요. 계율이 있어야 마음을 다잡을 수 있고, 그 계율은 마음이 만든 것이니 이 둘 역시 하나지요."

떠들던 스님들은 멍한 표정으로 원효를 쳐다보았어요. 그 가운데 공부를 가장 많이 했다는 스님이 더듬더듬 말했지요.

"그걸…… 자네가 어떻게 아는가? 그 말은 원효 대사께서 지은 《대승기신론소》라는 책에 있는 말인데……. 그 책을 보지 않고서는 그런 말을 할 수 없을 텐데……."

그제야 원효는 자신의 실수를 깨달았어요. 지금껏 잘 숨겨 왔는데 틀린 것을 바로잡아 주려다 그만 자신의 신분이 드러나게 된 것이지요.

"제가 뭘 알겠습니까? 그냥 해 본 말입니다."

원효는 허겁지겁 방으로 돌아와 짐을 싸서 절을 나섰어요. 원효가 방울 스님 방문 앞을 막 지나는데, 방 안에서 방울 스님 목소리가 들렸습니다.

"잘 가시게, 원효 대사. 겨울 내내 대사께서 주신 누룽지 잘 먹었소이다."

원효는 깜짝 놀라 그 자리에 우뚝 섰어요. 그리고 생각했지요.

'아, 방울 스님은 나를 이미 알고 있었구나. 나는 나를 숨기기 위해 이곳에 왔고, 불쌍한 마음에 누룽지를 주었건만 방울 스님은 이미 자신을 숨기려는 생각마저도 뛰어넘은 분이었구나. 방울 스님이 불쌍한 사람이 아니라 나를 숨기려 한 내가 불쌍한 사람이었구나.'

원효는 또 다른 깨우침을 준 방울 스님께 합장한 뒤 서둘러 감천사를 떠났어요. 그제야 뭔가 이상하다고 생각한 스님들이 우르르 몰려나왔지요. 그러자 방울 스님이 방문을 벌컥 열어젖히며 말했어요.

"이 미련한 중들아. 겨울 내내 그대들 옷을 빨고 밥을 지어 준 부목이 바로 원효 대사였느니라. 너희들은 사람 겉모습만 보고 판단하다가 눈앞에 있는 큰 스승도 몰라본 것이다."

스님들 모두 깊은 깨달음을 얻었답니다.

그렇게 황룡사로 돌아온 원효는 감천사에서 정리한 내용을 책으로 쓰기 시작했어요. 662년, 원효 나이 마흔여섯 살 때의 일이었지요.

당시 당나라 소정방 장군은 고구려 평양성을 포위하고 있었어요. 신라는 될 수 있으면 고구려와 직접 싸우지 않으려고 했지요. 그러자 소정방이 사람을 보내왔습니다.

"우리는 신라를 도와 싸우고 있으니, 군사와 식량을 속히 보내 달라."

어쩔 수 없이 김유신이 수만 명의 군사와 쌀 2만 4000가마를 싣고 평양 대동강을 건너갔답니다. 그러자 소정방이 암호로 적은 편지를 보내왔어요. 편지에는 난새와 송아지 한 마리가 그려 있었는데, 누구도 그 암호를 풀지 못했어요. 고민하던 김유신은 날쌘 군사를 불러 말했어요.

"이 암호를 풀 수 있는 사람은 원효 대사밖에 없다. 어서 원효 대사께 다녀오너라."

군사는 번개처럼 달려가 원효에게 암호를 보여 주었어요. 암호를 본 원효는 깜짝 놀라며 말했어요.

"이 그림을 한자로 쓰면 '화독화란'(畵犢畵鸞 : 송아지 그림과 난새 그림)이 됩니다. 이 중 화독(畵犢)을 급하게 말하면 '혹'이 되고, 화란(畵鸞)을 급하게 말하면 '환'이 됩니다. 이걸 신라 말로 풀면 '속환'이 되지요. 속환이란 '빨리 돌아가라'는 뜻이니, 지금 당장 김유신 장군께 대동강을 건너 후퇴하라고 하시오. 한시가 급하오. 어서 가시오, 어서!"

군사는 허겁지겁 돌아가 이 말을 전했고, 김유신은 급히 대동강을 건넜어요. 그러자 숨어 있던 고구려군이 공격해 왔습니다. 만일 조금만 늦었다면 신라군은 모두 죽고 말았을 거예요.

김유신은 떨리는 가슴을 쓸어내리며 말했어요.

"과연 원효 대사로다!"

그 뒤에도 신라와 당나라 연합군은 기회가 있을 때마다 고구려를 공격했어요. 하지만 고구려는 끄떡도 하지 않았지요. 그런데 그렇게 강하던 고구려도 안에서 다툼이 일어나는 바람에 무너지고 말았어요.

원효가 쉰 살이 되던 666년(문무왕 6년)에 고구려 연개소문이 죽자 그 아들들끼리 권력 싸움이 일어난 거예요.

그 기회를 틈타 김유신이 당나라군과 함께 평양성을 공격하자, 혼란스럽던 고구려는 668년 가을에 항복을 했답니다. 고구려의 보장왕과 신하 20만 명이 당나라로 잡혀가면서 드디어 삼국은 완전히 통일이 되었습니다.

고구려의 멸망

고구려는 기원전 37년에 해모수의 아들 주몽이 세운 나라입니다. 광개토대왕과 장수왕 때는 만주와 몽골 지역까지 다스리던 거대한 나라였지요. 신라와 당나라가 공격해도 무너지지 않았지만, 연개소문이 죽자 그 아들들끼리 싸우는 바람에 668년에 망하고 말았답니다.

당나라는 고구려의 보장왕을 끌고 가 벼슬을 주며 달랬습니다. 하지만 보장왕은 나중에 고구려를 되찾겠노라 다짐하고 몰래 힘을 길렀지요. 그러다 그만 당나라에 들켜 귀양 가서 죽고 말았답니다.

땅꾼 사복과 친구 의상 대사

원효가 고선사란 절에서 잠시 쉬고 있을 때 웬 땅꾼이 찾아와 말했습니다.

"저는 사복이라 합니다. 저의 어머니가 돌아가셨는데 스님들이 장례를 치러 주지 않으니, 원효 대사님이 도와주세요."

당시에는 사람이 죽으면 극락에 가라고 스님들이 염불을 해 주었어요. 그런데 사복이 뱀을 잡아 파는 천한 땅꾼이라고 염불을 해 주지 않았던 거예요.

"내가 염불을 해 주지. 어서 가세."

다 쓰러져 가는 초가집의 좁은 방에 사복의 죽은 어머니가 있었어요. 원효는 극락에 가도록 정성껏 염불을 해 준 뒤 사복과 둘이서 시체를 들고 집 근처 활리산으로 갔어요. 그런데 산에 도착하자 사복은 죽은 어머니를 업더니, 전혀 다른 목소리로 말하는 것이었어요.

"사람들은 나를 뱀을 잡아 파는 땅꾼이라고 업신여겼다네. 하지만 무슨 일이든 정성을 다하는 사람이 진정 사람다운 사람 아니겠는가? 나와 우리 어머니가 천하다고 아무도 거들떠보지 않았는데, 천하의 원효 대사가 장사를 지내 주었으니 이보다 더 큰 복이 어디 있겠나. 나는 이제 이 세상에서 할 일을 다 했으니 그만 돌아가려네. 잘 있게."

사복은 그렇게 말하고는 발아래 풀을 한 움큼 뽑았어요. 그러자 땅이 양쪽으로 갈라지면서 오색찬란한 세계가 드러났어요. 사복이 그 속으로 쑥 들어가자 갈라졌던 땅이 원래대로 닫히더니 아무 일도 없었다는 듯 조용해졌습니다.

원효는 그 모습을 보며 합장한 채 조용히 말했어요.

"나무아미타불. 부처님은 모습을 달리해 우리 근처에 수없이 많다는 것을 내가 아는데, 이런 일로 놀랄 것이 무엇이겠느뇨. 잘 가시게, 사복."

원효는 아무렇지도 않은 듯이 산을 내려갔습니다.

그리고 몇 년이 흘렀어요. 원효가 쉰여섯 살이 되던 672년(문무왕 12년), 10여 년 전에 중국으로 갔던 의상이 돌아왔어요.

중국에서도 유명해진 의상은 돌아오자마자 원효를 찾아와 짐을 한 보따리 주며 말했어요.

"원효 스님, 중국에서 가져온 귀한 책들입니다. 스님께서 책을 워낙 좋아하셔서 일부러 구해 왔습니다."

"어이쿠, 이렇게 고마울 데가 있나."

책을 덥석 받는 원효를 보며 의상이 짓궂게 말했어요.

"아무것도 탐내지 않는 원효 스님께서 책에는 왜 이리 욕심을 내십니까?"

그러자 원효도 웃으며 말했습니다.

"책은 정신을 살찌우는 것이니 책에 대한 욕심은 많을수록 좋지요, 하하하."

두 사람은 마주 보며 기분 좋게 웃었답니다.

책을 전해 준 의상은 그 길로 문무왕을 찾아가, 자신이 중국에서 알아 온 사실을 알렸습니다.

"당나라는 신라를 차지하기 위해 은밀히 전쟁 준비를 하고 있습니다."

"뭐라고? 이 일을 어쩔꼬!"

문무왕과 신하들은 얼굴이 백짓장처럼 하얘졌어요. 의상이 말을 이었지요.

"힘으로는 당나라를 이길 수 없지만, 양산 남쪽에 절을 지은 뒤 나라의 안전을 부처님께 기도하면 막아 낼 수 있을 것입니다."

문무왕은 의상의 말에 따라 절을 짓고, 절 이름을 사천왕사라고 붙였습니다. 그 덕분인지 다음 해에 당나라군과 싸워 죽지 장군이 크게 이겼고, 그 뒤에도 당나라와는 아홉 번을 싸워 모두 이겼답니다.

삼국 통일 뒤 당나라군을 몰아낸 신라

백제와 고구려를 멸망시킨 당나라는 한반도까지 모두 빼앗으려 했어요. 그러자 문무왕은 당나라 사신을 감옥에 가두어 버렸지요. 이때부터 신라와 당나라 사이에 전쟁이 시작되었어요.

671년(문무왕 11년)에, 죽지 장군이 당나라군 5000명을 죽이고, 672년에는 신라군과 고구려 유민이 연합해 평양성에 있던 당나라군을 무찔렀답니다. 그 뒤 전투에서 계속 지던 당나라는 평양성에서 만주에 있는 요동성으로 옮겨 갔습니다. 신라는 한편으로는 당나라를 달래고, 다른 한편으로는 옛 고구려군 및 백제군들과 힘을 합쳐 676년에 당나라군을 완전히 몰아냈답니다.

황룡사에서 욕심 많은 스님들을 꾸짖다

　원효는 나이가 들자 고향에 있는 초개사로 내려갔어요. 그런데 그 무렵 나라에 큰일이 생겼답니다. 왕비 머리에 큰 종기가 생겼는데, 갖가지 약을 써도 도무지 낫지를 않았던 거예요. 문무왕과 신하들이 절에 가서 기도까지 올렸으나 병은 점점 더 심해질 뿐이었지요.

　'왕비의 종기를 낫게 해 주면 큰 상을 내리겠다.'

　문무왕은 전국에 방을 써 붙였지만 나서는 사람이 아무도 없었어요.

　그러던 어느 날, 문무왕의 꿈에 새하얀 옷을 입은 노인이 나타났어요.

"나는 신라를 지키는 신이오. 당나라에 있는 《금강삼매경》이라는 책을 가져다 뜻을 풀어 황룡사에서 강의하면 왕비의 병이 나을 것이오."

잠에서 깬 문무왕은 급히 당나라로 사신을 보냈어요.

당나라에 도착한 사신이 《금강삼매경》을 찾자, 당나라 사람들이 말했어요.

"그 책은 구하기 힘들 뿐만 아니라, 이곳 스님들도 그 뜻을 풀지 못하고 있다오."

사신은 겨우겨우 책을 구했어요. 그런데 돌아오는 길에 바다에서 그만 폭풍을 만나고 말았답니다. 사신은 《금강삼매경》을 꼭 붙잡고 죽을 고비를 넘겼는데, 책을 묶었던 줄이 풀어져 페이지가 뒤죽박죽되어 버렸어요.

책을 받아 든 문무왕은 한숨을 내쉬며 말했어요.

"이 일을 어쩌면 좋은가? 뜻도 모르는데 순서까지 바뀌었으니, 누가 순서를 바로잡고 뜻을 풀 수 있단 말인가?"

그때 한 신하가 말했어요.

"대안 스님이라면 순서를 바로잡고 뜻을 풀 수 있을 겁니다."

문무왕은 대안 스님을 불렀어요.

거지 차림으로 들어온 대안은 흩어진 《금강삼매경》을 한참 들여다보더니 말했습니다.

"순서는 맞출 수 있지만 뜻은 모르겠습니다. 세상에서 이 책을 풀이할 사람은 오직 원효 대사뿐입니다."

대안이 페이지 순서를 다 맞추자, 문무왕은 책과 함께 신하를 초개사로 보냈습니다. 신하는 원효에게 매달리듯 말했어요.

"《금강삼매경》의 뜻을 풀지 못하면 왕비님이 죽습니다. 그러니 뜻을 풀이한 뒤 황룡사에서 강의를 해 주십시오. 왕과 왕비는 물론 신하들과 백성들이 모두 모일 것입니다."

원효는 책을 찬찬히 들여다보더니 말했어요.

"알겠소. 언제까지 풀면 되겠소?"

"의원 말로는 열흘 뒤면 왕비님이 위험해진답니다. 그러니 그 안에 강의를 해야 합니다."

"알겠소. 열흘 뒤 황룡사로 가겠소."

그날부터 원효는 잠을 자지 않고 《금강삼매경》을 풀이해 적어 나갔어요. 엿새째 되던 날, 드디어 당나라 스님들도 풀지 못한 《금강삼매경》을 모두 풀어 다섯 권의 책으로 만들어 냈지요. 소식을 들은 문무왕은 몹시 기뻐했어요.

"어서 강의할 수 있도록 준비를 하라!"

왕의 명령에 따라 모든 준비를 끝낸 황룡사에서는 원효가 오기만을 기다렸어요.

그런데 다음 날 아침, 도대체 이게 어찌 된 일일까요? 원효가 밤을 지새워 가며 풀이해 정리한 다섯 권의 책이 모두 사라지고 만 거예요. 간밤에 누군가가 모두 훔쳐 간 거였어요.

사실 그 책은 원효를 시기하던 스님들이 훔쳐 간 거랍니다. 유명한 스님들도 풀지 못한 불경을, 가난한 백성들과 함께 살던 원효가 풀면 자기들 체면이 땅에 떨어진다고 생각했기 때문이지요.

"허허, 이런 낭패가 있나."

원효는 심부름꾼을 보내 이 사실을 문무왕에게 알렸어요.

궁궐에서는 난리가 났지만 달리 방법이 없었지요. 심부름꾼이 말했어요.

"황소 한 마리를 주시면 원효 대사가 그 소를 타고 황룡사로 오는 길에 책을 다시 만들어 강의를 하시겠다고 합니다."

문무왕을 비롯한 신하들은 벌어진 입을 다물 수가 없었어요.

"그게 가능한 일이더냐? 어떻게 그럴 수가 있단 말이냐?"

하지만 시간이 급한 탓에 문무왕은 얼른 황소를 보내 주었지요.

원효는 소 등에 올라타고 황룡사로 출발했어요. 소가 느릿느릿 걸어가는 동안 책을 적어 나갔어요. 그렇게 사흘이 걸려 원효는 마침내 황룡사에 도착했습니다.

"원효 대사께서 오신다."

절 밖에 있던 사람들이 외치자 왕과 왕비, 신하와 백성들 모두 문 쪽을 바라보았어요. 잠시 뒤, 커다란 황소를 타고 열심히 글을 쓰면서 원효가 들어왔지요. 원효는 문에 들어와서야 붓을 놓으며 말했습니다.

"후유, 겨우 시간 맞춰 썼구나."

원래 다섯 권이던 책을 세 권으로 다시 쓴 원효는 그 책을 들고 단상 위로 올라가 주위를 둘러보았어요. 신라에서 제일 큰 황룡사 마당에는 발 디딜 틈도 없이 사람들로 가득했지요. 왕비는 침대에 누워 있었고, 요석 공주와 아들 설총도 보였어요.

원효는 지팡이로 바닥을 한 번 친 뒤 《금강삼매경》의 뜻을 풀이해 나갔습니다.

"사람의 고통은 어디서 오는가? 왜 생겨나는가? 어떻게 하면 벗어날 수 있는가? 모든 고통은 욕심에서 생깁니다. 갖고 싶은 욕심, 먹고 싶은 욕심, 자고 싶은 욕심을 채우고 싶어 사람들은 괴로워합니다……."

 마치 물 흐르듯 막힘이 없고, 때로는 조용조용히, 때로는 사자가 소리를 지르듯, 알기 쉽고 재미있는 원효의 강의를 사람들은 숨을 죽인 채 듣고 있었지요.

 하루 종일 계속된 강의가 끝나자, 왕비는 한숨을 푹 내쉬며 말했어요.

 "가슴이 다 뚫리는 기분입니다. 이처럼 가슴 시원한 이야기는 난생처음 들었습니다."

 그동안 원효를 시기하고 책을 훔쳐 골탕을 먹이려던 스님들도 얼굴을 붉히며 중얼거렸지요.

 "아, 우리가 해동 부처님을 몰라보고 그런 짓을 했구나."

 원효는 단상을 내려오기 전에 그 스님들을 향해 큰 소리로 외쳤습니다.

 "옛날 백 개의 나무 막대기를 구할 때는 내가 나서지 못했지만, 오늘 하나의 대들보를 구하는 일은 오직 나만이 할 수 있었다!"

 명예와 이익만을 탐내는 스님들을 향한 꾸짖음이었지요. '작은 막대기 백 개는 쉽게 구할 수 있지만,《금강삼매경》풀이처럼 어려운 일은 나같이 부지런히 공부한 사람만이 할 수 있다'는 뜻이었어요.

황룡사 스님들은 부끄러워 얼굴을 들지 못했답니다.

《금강삼매경》은 아주 어려운 책입니다

'금강'은 세상에서 가장 단단한 보석인 다이아몬드를 뜻하고, '삼매'는 '올바르고 깊은 생각'이라는 뜻이에요. 《금강삼매경》은 불교에 대해 아주 많은 설명을 하고 있는 책이지만, 언제, 어디서 만들어졌는지는 아직까지도 잘 모릅니다.

이 책의 뜻을 처음 풀어낸 사람이 바로 원효입니다. 그때까지는 내용이 어려워 책을 봐도 무슨 뜻인지 알 수가 없었어요. 지금도 이 책 내용을 이해하려면 원효 대사가 해석해 놓은 책을 보아야 한답니다.

해동의 큰 별이 지다

고구려, 백제, 신라가 통일되고 당나라군까지도 쫓아내자, 비로소 신라는 편안해졌습니다. 서라벌의 모든 집이 숯불로 밥을 해 먹을 정도로 풍족해졌고요.

원효가 예순다섯 살이 되던 681년, 문무왕이 숨을 거두었어요. 죽으면서도 나라 걱정을 하던 문무왕은 유언을 남겼습니다.

"내가 죽거든 동해 바다에 묻어라. 죽은 뒤에 동해의 용이 되어 우리 백성을 괴롭히는 왜구들을 물리칠 것이다."

신하들은 문무왕을 경주 앞바다에 묻고 그 무덤을 '대왕암'이라고 했습니다. 그리고 신문왕이 새 왕이 되었지요.

나이가 많은 원효는 서라벌 근처 혈사라는 절에 머물면서 책을 쓰거나 수행에 힘쓰고 있었어요. 그때까지 원효는 무려 이백마흔 권이 넘는 책을 썼고, 수많은 사람에게 부처님의 진리를 가르쳤답니다.

아들 설총의 집도 근처에 있었고 요석 공주도 가끔 찾아왔지요. 스무 살이 넘은 설총은 이미 이름 높은 학자가 되어 있었고요.

요석 공주가 찾아오면 원효는 늘 다정하게 말했어요.

"평생을 혼자 살게 해서 미안하구려. 하지만 내가 스님이니 어쩌겠소."

그러면 요석 공주는 웃으며 대답했지요.

"가까이에서 대사님을 뵐 수 있는 것만으로도 저는 행복합니다. 부디 오래오래 사세요."

원효가 혈사에 머문 지 어언 5년째가 되던 따뜻한 어느 봄날이었어요. 원효가 보낸 사람이 설총의 집에 도착해 말했어요.

"어머니와 함께 3월 30일에 혈사로 오라십니다."

설총은 이상한 생각이 들었어요.

'웬일이시지? 아버지께서 나에게 혈사로 오라고 말씀하신 적은 한 번도 없었는데.'

30일이 되자 설총은 요석 공주를 찾아가 말했어요.

"아버지께서 오늘 어머니와 함께 혈사로 오라 하셨습니다."

그 말을 들은 요석 공주는 눈물을 주르르 흘리며 말했어요.

"원효 대사께서 오늘 돌아가실 줄 미리 알고 너에게 그런 말씀을 하셨구나."

두 사람은 허겁지겁 혈사로 뛰어갔지요. 원효는 부처님을 향해 평소처럼 단정히 앉아 있었어요. 설총은 다행이라 생각하며 원효를 불렀습니다.

"아버지, 어머니와 함께 왔습니다."

하지만 원효 대사는 움직이지 않았어요. 이상한 생각이 든 설총이 조심스레 다가가 보자 원효는 앉은 채로 숨을 거둔 뒤였습니다.

우리나라 역사상 가장 위대한 스님 중 한 분이며, 가난하고 병든 백성을 온몸으로 사랑하며 불교의 진리를 알려 주려 했던 원효 대사는 일흔 살이 되던 686년 혈사에서 조용히 입적(스님의 죽음을 이르는 말)했답니다.

열린 주제

불교는 언제, 어디서, 왜 생겼을까요?

불교는 부처님의 가르침을 믿고 그 말씀을 실천하는 종교로, 2630여 년 전에 생겨났어요. 인도 서북쪽에 있는 카필라 왕국에서 왕자로 태어난 석가모니는 사람이 태어나고, 늙고, 병들고, 죽는 것을 보고 '왜 그럴까?'라고 생각했습니다. 그리고 오랫동안 고통스런 수행을 한 뒤 드디어 그 이유를 깨달았답니다. 그래서 사람들이 이런 고통에서 벗어날 수 있는 방법을 알려 주었습니다.

첫째, 나쁜 짓을 하면 반드시 벌을 받고, 착한 일을 하면 보답을 받습니다.

둘째, 지금 나와 만나는 사람은 모두 소중한 사람들입니다.

셋째, 불쌍한 사람들을 도와주려는 마음, 즉 자비심을 가져야 합니다.

불교에서는 이런 일들을 실천하며 부지런히 공부하라고 합니다. 또 가난하든 부자이든, 잘났든 못났든 모든 사람의 마음속에는 부처님이 될 수 있는 씨앗이 들어 있다고 합니다. 그래서 부처님의 말씀을 따르고 부지런히 공부하면 모두 부처가 될 수 있다고 가르칩니다.

전 세계 사람들이 가장 많이 믿는 종교는 기독교, 이슬람교, 그리고 불교가 있습니다. 이를 세계 3대 종교라고 합니다.

신라 선덕여왕 때의 뛰어난 예술가이자 고승인 양지 스님이 조각한 것으로 보이는 불상과 불탑이 들어 있는 벽돌

신라에 태어난 부처
원효

왜 우리나라에는 원효라는 이름이 들어간 곳이 많을까요?

우리나라 전국의 산과 절 이름 가운데 원효와 관련된 곳은 아주 많습니다. 원효산, 원효사 등 헤아릴 수 없이 많지요.

그 가운데 대표적인 곳이 바로 소요산입니다. 소요산은 서울 근처 동두천에 있습니다. 원효는 나이가 들자 이곳에 자재암이라는 절을 짓고 수행에 힘썼습니다. 그래서 이곳에 원효 이름이 들어간 곳이 특히 많답니다. 원

소요산 자재암 전경

효가 수행했다는 원효대와 원효굴, 원효 폭포가 있고, 요석 공주와 설총이 잠시 살았다는 요석 별궁 터도 있습니다.

또 실제로 원효와는 상관없는 곳에도 원효라는 이름이 붙은 곳이 많답니다. 서울 용산구에 있는 '원효로'도 그런 곳 중 하나입니다.

이처럼 원효 이름이 들어간 곳이 많은 이유는 원효가 그만큼 유명해서지요. 유명한 사람의 이름을 붙이면 그곳이 널리 알려지고, 유명한 사람이 있던 곳이니 그만큼 좋은 곳이라는 광고도 되기 때문입니다.

원효대교 전경

열린 주제 149

인물 돋보기

원효와 쌍벽을 이루는 큰스님
의상 대사(625~702년)

의상은 진골 귀족 집안에서 태어나, 황복사에서 스님이 되었어요. 원효와 함께 당나라에 가려다 혼자 가게 된 의상은 당나라 최고의 지엄 스님 밑에서 공부했습니다. 그러다 나중에는 지엄 스님보다 더 뛰어나게 되었지요. 공부를 하던 중 당나라가 신라를 공격하려 한다는 사실을 알게 된 의상은 급히 돌아와 나라에 그 사실을 알려 주었습니다. 그 뒤로 불교를 널리 알리기 위해 많은 절을 지었답니다.

의상은 원효와는 많이 달랐어요. 우선 신분에서 원효는 6두품이었고, 의상은 최고 높은 골품인 진골 귀족이었어요. 원효는 비렁뱅이 차림으로도 다녔지만 의상은 항상 깨끗한 옷을 입었으며, 원효는 백성들을 만나 많은 말을 했지만 의상은 말을 적게 했답니다. 또 원효는 수많은 책을 썼지만 의상은 책도 별로 안 썼어요. 원효는 전국을 돌아다녔지만 의상은 태백산 근처에만 있었고요.

한마디로 원효는 떠들썩하며 자유분방했고, 의상은 조용하고 근엄했습니다.

낙산사

신라에 태어난 부처 원효

하지만 두 사람은 서로 믿고 허물없이 지내며, 모르는 부분을 도와주는 아주 친한 친구 사이였어요. 그리고 두 사람은 우리나라 불교를 크게 발전시킨 위대한 스승이었지요.

의상 대사와 가장 관계가 깊은 절은 강원도 낙산사예요. 의상 대사가 직접 지은 절이지요. 당나라에서 돌아온 의상은 이곳 굴에서 관세음보살을 직접 뵙기 위해 정성껏 기도를 해 이레 뒤에 관세음보살을 보았다고 해요. 그리고 수정으로 된 염주를 받아 이곳에 절을 지었다고 합니다.

낙산사는 한국전쟁 때 불타 버린 것을 다시 지었는데, 2005년에 산불이 나서 또다시 많은 건물이 불에 타고 말았습니다.

의상대

연대표

원효의 생애와 신라 동향	고구려·백제 동향
617 (진평왕 39년) 지금의 경북 경산 지방 불등을촌에서 원효가 태어났다. 몇 달 뒤 어머니가 돌아가셨다.	
	618 고구려 27대 영류왕이 새 왕이 되었다. 중국에서는 수나라가 망하고 당나라가 세워졌다.
622 (진평왕 44년) 할아버지에게 학문을 배우고 있을 때 아버지가 돌아가셨다.	**622** 고구려와 당나라는 우호 조약을 맺고 수나라와 전쟁할 때 사로잡은 포로들을 서로 돌려보내 주었다.
627 (진평왕 49년) 백제 장군이 신라 백성 300여 명을 잡아가고, 전국에 심한 가뭄이 들어 배가 고파 자식을 파는 사람들까지 생겨났다. 김춘추의 아버지 김용춘과 김유신의 아버지 김서현 장군이 고구려 낭비성을 공격했고, 따라간 김유신이 크게 활약해서 이겼다.	**627** 백제가 신라를 공격하자, 신라에서 사신을 보내 당나라에 구원 요청을 했다.

628 (진평왕 50년) 열두 살이 된 원효는 고향을 떠나 서라벌로 가서 낭도가 되었다.	**629** 신라가 고구려의 낭비성을 공격해 빼앗았다.
630 (진평왕 52년) 원효는 백제와의 전쟁에 나갔다가 전쟁의 참혹함을 보	**630** 백제 무왕은 사비 궁궐을 더 크고 우람하게 다시 지었다.

신라에 태어난 부처 원효

원효의 생애와 신라 동향

얐다. 얼마 뒤 할아버지가 돌아가셨다.

632 (선덕여왕 1년) 열여섯 살이 되었을 때 머리를 깎고 스님이 되었다. 스스로 원효라고 이름 짓고, 자기 집을 절로 만들어 초개사라고 했다. 선덕여왕이 새로 왕이 되었다.

633 (선덕여왕 2년) 초개사에서 공부하던 원효는 더 많은 불교 공부를 위해 서라벌 황룡사로 들어갔다.

636 (선덕여왕 5년) 스무 살이 된 원효는 영취산에 숨어 살던 낭지 스님을 찾아가 배웠다. 선덕여왕이 개구리 울음소리를 듣고 여근곡에 숨어 있던 백제군을 찾아내 무찔렀다.

고구려·백제 동향

631 고구려에서 여진족 등 오랑캐들을 막기 위해 천리장성을 쌓기 시작했다.

641 백제 31대 의자왕이 왕위에 올랐다. 당나라 사신 진대덕이 고구려를 염탐하고 돌아가 침략 준비를 했다.

642 고구려의 연개소문이 영류왕을 죽이고 대막리지가 된 뒤 28대 보장왕을 왕위에 앉혔다. 백제 의자왕은 신라를 공격해 40여 개 성을 빼앗은 뒤 윤충 장군을 시켜 대야성을 공격했다.

연대표 **153**

원효의 생애와 신라 동향	고구려·백제 동향
643 (선덕여왕 12년) 당나라에서 공부하던 자장 율사가 돌아와 선덕여왕에게 황룡사 9층탑을 세울 것을 건의했다.	**643** 고구려와 백제가 함께 신라를 공격하자 신라는 당나라에 사신을 보내 도움을 청했다. 당나라에서 고구려에 사신을 보내 공격을 멈추라고 하자 연개소문은 당나라 사신을 감옥에 가두었다.
645 (선덕여왕 14년) 황룡사 9층탑이 완성되었다.	**645** 사신을 가두자 당나라 15만 군사가 고구려를 공격했다. 안시성에서 양만춘 장군이 무찔렀다.
647 (진덕여왕 1년) 선덕여왕이 죽고 진덕여왕이 새 왕이 되었다. 첨성대를 세워 별을 관찰하기 시작했다.	**647** 고구려의 천리장성이 완성되었다.
649 (진덕여왕 3년) 원효가 의상을 만나게 되었다.	
650 (진덕여왕 4년) 의상과 함께 1차 당나라 유학 길에 나섰다가 실패하고 신라로 돌아왔다.	
654 (무열왕 1년) 진덕여왕이 죽고 김춘추가 신라의 새 왕이 되었다.	
657 (무열왕 4년) 요석 공주가 원효를 사랑하여 설총을 낳았다.	**657** 백제 의자왕이 타락하기 시작해 충신 성충을 감옥에 가두어 죽였다.

신라에 태어난 부처
원효

원효의 생애와 신라 동향	고구려·백제 동향

661 (문무왕 1년) 원효가 의상과 함께 당나라로 가려다 해골 물을 마시고 부처님의 진리를 깨달았다. 무열왕이 죽고 문무왕이 새 왕이 되었다.

662 (문무왕 2년) 당나라 소정방이 김유신 장군에게 보낸 암호를 원효가 풀어 주었다.

668 (문무왕 8년) 만주를 지배하던 고구려를 무너뜨리고 삼국을 통일했다.

675 (문무왕 15년) 아무도 뜻을 알지 못하던 《금강삼매경》을 원효가 풀이해 황룡사에서 강의를 했다.

676 (문무왕 16년) 신라가 옛 고구려군 및 백제군과 힘을 합쳐 당나라군을 한반도에서 완전히 몰아냈다.

681 (신문왕 1년) 원효는 혈사에 머물며 수행했다. 삼국 통일한 문무왕이 죽자 바다 속에 묘를 만들었다.

686 (신문왕 6년) 일흔 살의 원효가 혈사에서 죽었다.

661 백제의 흑치상지와 복신이 백제 부흥 운동을 일으켜 신라군과 당나라군을 무찔렀다. 당나라군 35만 명이 고구려 평양성을 공격했다.

662 고구려군이 공격해 오는 당나라군 10만 명을 전멸시켰다.

663 일본에 있던 백제 왕자 부여풍이 일본군을 이끌고 와 백제를 다시 세우려 하다가 실패했다. 복신은 죽고 흑치상지는 당나라에 항복했다.

666 고구려의 연개소문이 죽자 그의 아들들끼리 싸움이 일어났다.

668 신라와 당나라군의 공격으로 고구려가 멸망하였다. 이로써 삼국이 통일되었다.

연대표 155